皮建才 著

世事的经济学逻辑

南京大学出版社

图书在版编目(CIP)数据

世事的经济学逻辑 / 皮建才著. — 南京：南京大学出版社，2023.6
ISBN 978-7-305-26139-8

Ⅰ.①世… Ⅱ.①皮… Ⅲ.①经济学－文集 Ⅳ.①F0-53

中国版本图书馆 CIP 数据核字(2022)第 165133 号

出版发行　南京大学出版社
社　　址　南京市汉口路 22 号　　邮　编　210093
出 版 人　金鑫荣

书　　名　世事的经济学逻辑
著　　者　皮建才
责任编辑　曹思佳
照　　排　南京南琳图文制作有限公司
印　　刷　徐州绪权印刷有限公司
开　　本　787 mm×960 mm　1/16　印张 14.75　字数 244 千
版　　次　2023 年 6 月第 1 版　2023 年 6 月第 1 次印刷
ISBN 978-7-305-26139-8
定　　价　68.00 元

网址：http://www.njupco.com
官方微博：http://weibo.com/njupco
官方微信号：njupress
销售咨询热线：(025) 83594756

* 版权所有，侵权必究
* 凡购买南大版图书，如有印装质量问题，请与所购
　图书销售部门联系调换

自　序

我是 2000 年考入复旦大学经济学院读经济学研究生的,当时 23 岁。由于之前我是在山东大学读的化学专业本科,所以我当时的经济学基础并不是很扎实。复旦大学的学术氛围极其浓厚,我们寝室的几位同学平时都在阅读几大"牛"出版社出版的重要经济学著作,就好像是在进行阅读比赛,你追我赶,有时还会相互切磋,甚至"开火"。由于换新宿舍楼,我们中间调过寝室,我的室友中有后来成为复旦大学经济学院教授的陈诗一博士和后来成为南京大学政府管理学院教授的陈志广博士。我想,我们这些人之所以后来能够成为大学教授,一个很重要的原因就是受到了复旦大学良好学术氛围的熏陶。我当时买了很多书来读,经常读到夜深人静,正所谓"三更灯火五更鸡,正是男儿读书时"。因为当时复旦大学给我们住的是四室一厅的寝室,每人一室,所以即使我读到东方既白,也不会打扰到室友。我记得,当我博士研究生毕业之后到北京大学做理论经济学博士后的时候,通过宅急送运了 30 多箱书到北京,但隔壁楼有一位读法学博士的运了 40 多箱,比我还多。当年苦读的时光让我至今难以忘却,有时候在课堂上讲到某个知识点的时候,还会给同学们顺带说一下当时夜半苦读的情况。那段做"书虫"的时光至今令我刻骨铭心。

在听课和读书之外,我开始试着进行写作,这里面有一股读了书和学了经济学理论之后想要对现象进行经济学分析的跃跃欲试的冲动,正所谓"追云逐雨西风飒,倚马仗剑走天涯"。还记得,我刚到复旦大学的时候,是经济学方面的"小白",同寝室的同学到校报亭买《经济学消息报》,这份报纸在同学们中间广泛传阅,我也"凑热闹"阅读了这份报纸。2002 年是韩日世界杯年,我们寝室还有同学专门提前买了电视机,随时等着看我们想看的比赛。那一年大家都"热火朝天"、激情四射,我也一样。应该是5月份的某一天,我打开电脑,一气呵成,一挥而就,写出了我人生中的第一篇经济学文章《"盲目跟风"者之误》,随后投给了《经济学消息报》,后面居然很快就在5月24日发表了。当时25岁的我特别兴奋,发现自己在写作方面还是有一点点专长的。写作的"闸门"一旦被"打开",就像洪水泛滥一样,一发而不可收拾。后面我连续在《经济学消息报》发表了20多篇文章。我想我能在《经济学消息报》发表这么多文章,主要得益于"伯乐"高小勇总编辑提出的发掘、培养和奖掖经济学新人的办报方针。高老师多次通过邮件跟我联系,鼓励我写符合该报风格的经济学文章,后面我跟他在上海和北京见过几次面。在《经济学消息报》发表了一些文章之后,2002年下半年我也试着给《国际金融报》投稿,"伯乐"徐刚编辑给我打来电话,让我给该报写专栏和时评,他提议让编辑部给我找"点"写,这样更有选题上的针对性。但我提出我要自己找"点"写,因为这样更能展现我的偏好和专长。后面跟我通过投稿电子邮箱联系比较多的是葛丰编辑。我平均每周给《国际金融报》写一到两篇经济学文章,持续了很长一段时间,写了60多篇。在给《国际金融报》写稿的这段时间,由于需要靠自己不断"踩点",所以我深深地感到自己和祖国经济"同呼吸",这种感觉真的很奇妙。

后面,我又试着给《人民日报》《光明日报》《上海证券报》《证券时报》《经济观察报》《中国经济时报》《中华工商时报》《第一财经日报》《每日经济新闻》《中国产经新闻》《经济学家茶座》等投稿,也在上面发表了经济学文章。《人民日报·理论版》和《光明日报·理论周刊》在当时的复旦大学学术期刊目录里算核心期刊,我当时在《人民日报·理论版》发表了一篇,在《光明日报·理论周刊》发表了五篇。我发表在《中国经济时报》2004年10月29日第五版的文章《如何避开中国经济发展的"四大陷阱"?》反响比较大,当时被人民网、新华网、中国网、新浪网、搜狐网广泛转载;林毅夫教授也给我发来一封电子邮件,表扬这篇文章写得好。我顺势问林老师能不能在博士毕业后跟他做博士后,他回答说要根据申请情况和投票情况而定。后面经过申请,我真的成了林老师的博士后。我发表在《中华工商时报》2003年4月8日第七版的文章《呼唤民营企业家保护机制》被中国人民大学复印报刊资料《商贸经济》2003年第5期转载。我发表在《经济学家茶座》2019年第1辑(总第83辑)的文章《价格歧视:"新瓶"如何装"旧酒"》被《青年文摘》2020年第5期转载。

这本书中收集的文章的时间跨度比较大,最早的是2002年,最迟的是2019年。这么长的时间,有些术语和机构的名称,可能已经发生了变化,但是为了尊重当时的情况,我并没有进行更改。为了方便大家阅读,我在每篇文章的最后都标了出处,希望读者在阅读时知道文章发表的时间节点。我发表的报刊文章比较多,这一次我按照"世事的经济学逻辑"这一条主线选取了其中的一部分文章,剩下的报刊文章我打算以另外一条主线结集出版。这个名字是借鉴了周其仁老师的文集《世事胜棋局》的名字。所谓"世事",就是"世上的事",就是"家事、国事、天下事"。世事为什么胜棋局呢?我想那是因为世事有自身的经济学逻辑,所以我就给本书起名为《世事的经济学逻辑》。在本书中,我把文集分成了五个部分,分别是现象背后的经济学逻辑、企业和企业家的经济学逻辑、改革和转型的经济学逻辑、发展和增长的经济学逻辑、监管和调控的经济学逻辑,这种分类只是一种粗略的分类,由于存在交集等原因,可能不是那么精准。

我当时只是"初生牛犊不怕虎",一个二十几岁的毛头小伙子写的东西肯定存在这样或者那样的问题。我之所以不揣浅陋,敢于结集出版,是因为我想让大家看到我成长的脚印。"千里之行,始于足下"。"驽马十驾,功在不舍"。我就是这样一步一步走来的,先发表报纸文章,再发表中文 CSSCI 论文,后发表英文 SSCI 论文。到南京大学经济学院任教之后,由于教学科研等任务繁重,除了给詹小洪研究员担任特邀执行主编的《经济学家茶座》写文章之外,我已经很少给报纸写文章了,正所谓"山回路转不见君,雪上空留马行处"。这本书可以算是对"马行处"的纪念,对逝去岁月的怀念。

在这里,我要特别感谢南京大学商学院院长安同良教授,他督促我尽快把文集整理好,并为我协调好了南京大学出版社进行出版。我要感谢南京大学出版社的张静编辑和徐媛编辑对我出版的第一本书《组织与发展:皮建才自选集》的精心编辑,感谢张静编辑和曹思佳编辑对本书的精心编辑。我还要感谢《经济学消息报》总编辑高小勇、《国际金融报》编辑徐刚和葛丰、《中国经济时报》编辑崔克亮、《上海证券报》编辑周俊生、《光明日报》编辑孙明泉和张雁、《中国产经新闻》编辑欧阳谨、《经济观察报》编辑殷炼、《人民日报》编辑马宏伟、《每日经济新闻》编辑叶檀、《第一财经日报》编辑杨小刚和《经济学家茶座》特邀执行主编詹小洪(按照时间顺序排列,有的相关信息已经很难找到,所以有的相关编辑未在这里列出)。我还要感谢其他助力我一路前行的同学、同事、老师和学生(在此不一一列出他们的姓名)以及我的家人。在这里,我发自内心地说一声:"谢谢!在我生命中的每一天。"

本书中的不当之处,欢迎大家批评指正。是为序。

目 录

一、现象背后的经济学逻辑

"盲目跟风"者之误 ····································· 3
跟风机制的乡土经济学 ································· 6
"民工荒"与货郎经济学 ································· 10
民工荒的政治经济学 ··································· 14
"滥竽"为何能"充数" ··································· 16
猎物与陷阱的是非 ····································· 19
牛的定价维度 ··· 22
缠足的经济学 ··· 25
爱情的另一种解释 ····································· 28
报纸为什么免费发送 ··································· 31
小桃园背后的道德困境和产权难题 ······················· 35
价格虚高二题 ··· 39
价格歧视:"新瓶"如何装"旧酒" ·························· 43
教育公平与效率权衡中的经济学逻辑 ····················· 47
世博会经济学分析 ····································· 50
乞丐的存在渊源 ······································· 52

诸葛亮现象的思考 …………………………………………… 55

二、企业和企业家的经济学逻辑

民企扩张弊病探源 …………………………………………… 61
企业扩展的边界 ……………………………………………… 63
给民企"费厄泼赖"的舞台 …………………………………… 66
民企需要制度平台 …………………………………………… 68
上市民企的另类资本困境 …………………………………… 70
国企"企业家"五大弊端 ……………………………………… 72
"企业家"经济学分析 ………………………………………… 74
呼唤民营企业家保护机制 …………………………………… 76
"激活"民营企业家 …………………………………………… 78
中小银行四大功能 …………………………………………… 80
民间融资：积极的自发秩序 ………………………………… 82
破解融资困境 ………………………………………………… 84
破解银行存差谜团 …………………………………………… 86
券商须重组织创新 …………………………………………… 88
国资经营须破管理困境 ……………………………………… 90
提升国资组织效率 …………………………………………… 92

三、改革和转型的经济学逻辑

渐进式改革如何在新阶段攻坚 ……………………………… 97
降低试错成本 ………………………………………………… 101
节约型社会的经济学含义 …………………………………… 103
如何实现经济发展中的资源节约 …………………………… 106

构建和谐社会须破三种"失灵" …………………………… 108
和谐社会与暴力社会的不同约束 …………………………… 110
GDP不能承受之重 …………………………………………… 114
分配制度必须与时俱进 ……………………………………… 116
腐败治理与制度安排 ………………………………………… 118
顶层设计的经济学逻辑 ……………………………………… 120
政府与市场关系中的四大陷阱 ……………………………… 124
国资委的边界 ………………………………………………… 128
国资改革须重信号传递 ……………………………………… 130
银行改革的轻重缓急 ………………………………………… 132
中国资本效率为何不高 ……………………………………… 135
股市难题与渐进改革 ………………………………………… 137
股市难题经济学分析 ………………………………………… 139

四、发展和增长的经济学逻辑

中国经济应该如何发展 ……………………………………… 143
经济增长要"回归"经济发展 ……………………………… 145
发展的约束 …………………………………………………… 148
经济发展的思潮维度 ………………………………………… 151
如何避开中国经济发展的"四大陷阱" …………………… 155
"增长悖论"的经济解释 …………………………………… 158
经济增长须重激励机制 ……………………………………… 160
经济增长在于抓住机会 ……………………………………… 162
经济增长与李嘉图效应 ……………………………………… 164
经济增长的基准 ……………………………………………… 166
地方政府如何降低经济发展的成本 ………………………… 169

把后发优势和先动优势结合起来·················· 173
从资本升级视角看新产业革命的机遇················ 176
共同富裕是经济发展的根本······················ 179
破除就业约束································ 181
城镇化中的经济学····························· 183
有效歧视阻碍内需····························· 185
中国内需不足的另一种解释······················ 188
经济布局的成本问题··························· 192

五、监管和调控的经济学逻辑

监管下的金融制度变迁·························· 199
证券监管须防"权力悖论"······················· 201
"信用"经济学分析···························· 204
金融市场与诚信问题··························· 206
转轨经济之金融监管··························· 208
金融改革与风险定价··························· 210
制度变迁应对银行风险························· 212
金融政策须重博弈思维························· 214
经济适用房：行政与市场的冲突··················· 216
经济过热的治理含义··························· 218
中国的宏观调控找不到最优解····················· 221

一、
现象背后的经济学逻辑

"盲目跟风"者之误

我的家乡在山东省临沂市,临沂批发商城是全国最大的三家批发市场中的一家。目睹周围人的发迹经历,我从小就知道了市场的重要性。

在我读大学期间,家乡到处都在兴建板材厂,那兴旺发达的景象简直可以用如日中天来形容,我想大约和西方资本主义自由竞争时期的情况有些类似。到了我读大四时,板材行业的情况开始发生变化了。进入的人太多,利润率降低,导致有的厂家开始亏损。但是令我百思不得其解的是,还有许多人在这个时候"盲目跟风",大规模建厂。结果可想而知,许多厂高价建成后低价出让,甚至任其荒芜。

为什么会这样呢?当时我想也许可以用信息不对称来解释,因为他们看到的只是别人的"发达"而没有看到别人的"难处",即使别人告诉他们利润率已经很低了,但是他们也不会相信。后来仔细想想,这种解释有片面性。一般的人总是相信自己的亲朋好友的,一旦"盲目跟风"的那些从事板材行业的亲朋好友告诉他们这个行业已经不行了,他们应该知难而退。

不过他们也有不相信亲朋好友的理由:你不让我从事这个行业,你自己却从事这个行业,既然你能在这个行业里混,为什么我就不能呢?天下就有许多人相信自己不比别人差,"盲目跟风"者更不例外。他们根本就没有发现"沉淀成本"所起的作用,许多从业者是被自己的固定资产"拴"住了的,所以不得不老老实实地待在厂子里守摊子,即使利润率低到一般人不能接受的程度。这让我想起了一个经济增长模型里的假设,老资本和新资本的作用是不同的,老资本的作用要小于新资本的作用。"盲目跟风"者没有必要拿自己的新资本来角逐和老资本一样的利润。既然不相信亲朋好友的话,就只能拿新资本来试错了,一试不要紧,新资本变成了老资本。我总觉得这样得出的结论不具有普遍性,所以我总想是不是还有更好的解释。

"盲目跟风"其实是一种很普遍的现象,这大约和心理学上的"从众心理"相对应。怎样对"盲目跟风"现象进行更普遍意义上的分析呢？这实在是一个令人头疼的问题。我想也许应该另寻一个分析框架吧。从企业理论的角度出发也许会得到令人更为满意的解释。

熊彼特在1934年出版的《经济发展理论》中认为,"发展就是执行新的组合"。他还列举了五种情况,即(1)采用一种新的产品;(2)采用一种新的生产方法;(3)开辟一个新的市场;(4)掠夺或控制原材料或半制成品的一种新的供应来源;(5)实现任何一种工业的新的组织。我们可以发现"盲目跟风"不属于其中的任何一种情况,因为"盲目跟风"者没有任何创新,只是别人这么做他也这么做。

下一步我们将定义什么样的人才算企业家。对企业家的定义,学术界的观点并不统一。除了熊彼特的以外,比较有代表性的还有三种。奈特认为企业家在不确定条件下决定干什么以及如何去干。柯斯纳视企业家为经纪人,他们不但能够察觉到机会,而且能够捕捉住机会并创造利润。也就是说,企业家与别人相区别的是他的"悟性"和他的"特殊知识"。卡森认为企业家是擅长对稀缺资源进行协调并做出明智判断的人。我们结合以上的定义,可以发现"盲目跟风"者在不确定条件下并没有捕捉住机会(感觉到了但却是"错误"的感觉),从而没能够对稀缺的资本进行协调并做出明智判断,进而没能够创造出利润。一句话,"盲目跟风"者不属于企业家,不具有企业家能力。

如果我们的分析到此为止的话,恐怕很难有说服力,因为企业家往往能够获得超额利润,不是企业家只能说明他不能获得超额利润。也就是说,我们没有解释为什么许多"盲目跟风"者连低于平均利润的利润都没有获得,甚至只能亏而损之,更进一步说,我们并没有发现"盲目跟风"者低利甚至亏损的内在机制。但是结合第一段的分析我们就可以知道,低利甚至亏损的内在机制就是新资本转化成了老资本,从而失去了获取正常利润的能力。

在解释经济现象的时候,从来都不能够忽略现象本身,所以我还是要回到现实中来看一看我的解释是不是还有什么漏洞。我发现,板材行业里面最后剩下的厂家要么特别大,要么特别小。大的都是一些老厂家,它们已经达到规模经济,至少可以获得可以接受的利润;小的则是一些新厂家,甚至包括"盲目跟风"者,它们的管理特别好,也能够获得可以接受的利润。当然,可以接受的利润弹性很大,因为不同的从业者有不同的机会成本,所以最低要求也就不一样。我得到的结论是,"盲目跟风"是不能够获得超额利润的,如果"盲目跟风"者在管理上没有一套的话,只能获得低利甚至亏损。当然如果"盲目跟风"者在后来能够进行创新的话,比如说在后来开辟了新的市场或者采用了新的生产方法,他们也能够获得超额利润,这又另当别论。据我所知,这种情况也时有发生。事实上,企业家是一个动态概念,他处于不断的变化之中,同一个"企业家"在不同的阶段可能会有不同的属性,也就是说,他在某一个阶段是企业家,在另一阶段却未必是企业家。

[原文载于《经济学消息报》2002年5月24日(NO.490)第二版]

跟风机制的乡土经济学

我喜欢对身边的事情进行经济解释,因为觉得这样做非常有趣,而兴趣着实是最好的老师。2002年,老家周围(鲁南农村)从事板材制造的许多农民发生了大量的亏损,当时我认为原因主要在于许多农民在信息不对称的情况下的盲目跟风。时至今日,从老家周围的板材行业的发展情况来看,我当时的观点似乎过于简单了。跟风有好处也有坏处,盲目还是不盲目并不是泾渭分明的,说赢了的不是盲目或者说输了的就是盲目("以成败论英雄")只能算在事后解释事前而已,虽然事情或许正像著名经济学家阿尔钦在其论文《不确定性、演化与经济理论》中所说的"生存检验"决定了"成功是建立在结果而不是动机的基础上的"。我一直关注的老家的事实告诉我跟风机制里面有一个市场维度(或者说市场维度里面有一个跟风机制),看不清楚这重关系就有可能只看到了显性成本而忽视了隐性收益,换句话说,利用市场的成本不只包含交易成本,还要包含市场形成成本,特别是对处于转型期的中国经济而言。

盲目跟风进而引起过度竞争是一种情况,盲目跟风进而引起专业化分工是另一种情况,从后一种情况到前一种情况是一个过程的两个阶段。输和赢没有绝对的界限(特别是考虑到多重约束条件的时候),问题的关键在于厂家在竞争时有没有形成基于分工的企业间市场,并且这个企业间市场在开放经济中有没有形成自身的竞争优势。跟风就是重复别人的行为,别人做这个赚到了钱,这本身就发出了一个有用的信号,根据这个信号采取行动比不根据这个信号采取行动的成本更低。农民收集外部信息、接收外部信号的成本是非常高昂的,特别是在从闭塞到开放的经济社会转型过程中,信息约束就成为重要的约束,与其做和尚撞钟式地等待不如照葫芦画瓢式地跟风。既然是根据别人发出的信号采取行动,行为者就已经把他们在行动中可能遇到的风险做了一定的估计,更确切地说,他是在试错,到底"是行还是不行"不试是不知道的,就有点像"小马过河"的故事或者像"布利丹之驴吃草"悖论里面所讲的。

当然,在试错的过程中,许多当地农民是过度自信的,这或许是人的天性。亚当·斯密对此早已论述得很清楚了:任何人对胜利的机会总不免给予过高的估计,对失败的机会总不免给予过低的估计,前者可以从彩票事业到处获得成功这一现象获得证实,后者则可以从保险商利润微薄这一现象获得证实。西尼尔把这种对自己前途的盲目乐观称为斯密原则,虽然他对斯密给出的两个例证有不同的意见。企业家精神的来源在某种程度上和斯密原则是分不开的,不管是在凯恩斯的文章里还是在熊彼特的文章里我们都可以找到类似的看法。我认为,企业家或行为者的这种过度自信为风险分担的最优配置提供了一个很好的载体,这不应该被批评,反而应该被鼓励,因为企业家精神是创新活动和经济增长的重要推动力量,一个充满活力的经济体总得需要有人承担创业风险,否则就会出现有商业机会也不能把握的"企业家失灵"现象。实际上,按照莱宾斯坦的惰性区域理论的解释,越是机会成本低的人越有可能成为冒险的主体。中国农民的机会成本无疑是很低的了,只要能够打破通常所说的进入障碍,他们就敢于进行跟风。

市场需要的就是人气,人气需要的就是跟风,为了跟风而付出的成本是跟风的代价,由跟风而获得的好处乃是跟风的收益,不确定性决定了跟风的代价和收益的不同组合,而能够引起跟风并且形成市场的产业,特别是实体经济领域的产业往往就是一个新的增长点,虽然这个新增长点有经历低谷的时候。跟风机制的乡土经济学的背后就隐藏了这样的道理。其实,学术领域亦是如此,学人对科斯的跟风造成了新制度经济学派的兴起,学人对布坎南的跟风造成了公共选择学派的兴起,这和乡土经济学并无二致。参与某种市场的人越多,基于专业化分工所获得的生产效率就越大,这就是西尼尔所一直强调的制造业中的人口增长会提高生产率(与农业中人口增长会降低生产率的情形刚好相反)。跟风是怎样形成市场的,让我来讲一下老家发生的真实故事。

老家的农民做什么事情很喜欢跟风,有一段时间所谓的"大贩子"专门从外地贩运苹果到本地让"小贩子"批发后零售。刚开始参与外地贩运的人少,"大贩子"赚的钱很多。这就发出了一个很好的信号,过了一段时间,许多农民陆续加入了"大贩子"

的行列,竞争变得非常激烈,但是在激烈的竞争中多数人的收益并没有减少(少数人可能由于社会经验或人员组合上的原因发生了亏损),也没有出现苹果滞销的现象,因为在竞争中形成的市场声誉(比如价格低廉的优势以及预期货源稳定的优势)足以吸引外地的"小贩子",他们不进城里的水果市场,而是到我们老家这里来批发苹果,人气就是这么重要。后来,许多"大贩子"改行办起了板材厂,苹果贩运中竞争的人少了,但是此时剩下的"大贩子"赚钱反而难了,市场的人气没了,直到"大贩子"赚的钱还不如"小贩子"赚的钱多,外地贩运也就草草收场。跟风的人达到了一定的人数就形成了市场,市场靠的就是人气,人气散了,市场也就完了,市场不怕竞争,怕的是竞争不出人气。我记得的"大贩子"们的"经典名言"就是:"买卖好再来一趟。"

板材业的情况与苹果贩运业的情况非常类似,先是几个人进入,再是某些人跟风,跟风的过程中有人发生了亏损(由于资金链条断裂或是由于经营管理不善),接着是发生了企业间的分工,基于企业间分工的市场的竞争优势慢慢形成。我老家的一个因在城市上班而没有从事板材行业的老同学跟我抱怨说,现在他的那些老家朋友只谈论关于板材的品种、质量、价格的信息,没有什么别的好交流的啦。哈耶克意义上的发散信息占据了每个个体的心灵,跟信息不相关的人交流是一种成本,跟信息相关的人交流则是一种收益,这和钱颖一教授在《硅谷的故事》中所讲的道理差不多,"硅谷文化"成就了硅谷,"农村文化"成就了农村。老家周围板材行业的分工非常明确,旋皮的旋皮,拉末的拉末,熬胶的熬胶,合成的合成,销售的销售,诸如此类,分工经济获得了专业化效率,就像亚当·斯密所举的制针工厂的例子一样,只不过一个是企业间分工,另一个是企业内分工罢了。

跟风的内在机理在于形成了一种人气,这种人气也可以表达为网络效应。新兴古典经济学认为,网络效应是指这样一种经济现象:一个各部分相互依赖的经济系统中,系统的效率不但与个别人的效率有关,而且与参加网络的人数有关。由于分工具有网络效应,所以,如果与分工有关的交易集中在一个地方的话,就会产生聚集效益,这种效益也就是诺贝尔经济学奖得主卢卡斯所说的外部效益。自发的经济布局的背后往往隐藏着由跟风导致的聚集效益,"纽扣之都""皮衣之都""领带之都"等的道理也在这里。跟风的人并没有意识到自己的行为已经被市场利用了,虽然他确确实实为市场的形成贡献了自己的力量。红花需要绿叶的衬托,市场需要跟风的人气。乡土温州之所以能够演生出全国闻名的温州模式,其背后隐藏的或许正是跟风机制的乡土经济学。

(原文载于《光明日报·理论周刊》2005年8月23日第六版)

"民工荒"与货郎经济学

生活在农村的人可能会回想起以前货郎沿街敲小鼓以吸引人们注意的情形,这时候许多小孩子会像潮水一样涌向货郎,看有没有吸引自己的小东西——比如小刀、小扇、画册、糖豆,当然,大人也会从货郎那里买诸如染料、梳子等日常用品。时过境迁,现在的农村已经很少能够看到货郎的身影了。

货郎为什么会消失呢?许多人或许会说,货郎的消失是因为人们的偏好发生变化了,人们不再偏好于货郎的商品了,但是经济解释是不能拿偏好的变化来搪塞的,因为任何一个现象的变化我们都可以丝毫不费吹灰之力地说成偏好的变化,这样一来,我们的解释也就仅仅相当于什么都没有说,"放之四海而皆准"的"通吃"往往只是某种程度上的"宿命论"而已,因为这种解释不能给"约束条件"留下半点容身之地。诺贝尔经济学奖得主加里·贝克尔在对人类的行为进行经济学分析的时候,预先设定了三个基本的假设前提,即偏好稳定、市场均衡、效用最大化行为。这和张五常教授经常说的"三招两式"基本上出自一个经济学传统了,虽然贝克尔在处理问题时似乎更加灵活(倾向于把约束条件放在目标函数里面)。没有偏好稳定的假设就没有了从现实出发进行经济解释的必要,从而也就没有了真实世界的经济学,这样说并不夸张。

货郎的消失是因为通过货郎来组织交易的成本已然大于收益了吗?交易成本经济学大师奥利弗·威廉姆森的基本观点就是,一项交易要选择可供采用的交易成本最小的"治理机制"来完成。威廉姆森把交易成本经济学形成了一个比较系统的框架,企业理论的许多前沿论文正是按照他的思想来进行模型化的,虽然在模型化的过程中对微妙之处常常"顾此失彼",甚至是"捡了芝麻,丢了西瓜"。交易成本经济学以交易作为最基本的分析单位,所以在分析问题的时候往往能够抓住问题的关键。毫无疑问，货郎完成的是交易，所以我们在寻找约束条件的时候要围绕交易进行，也就是说，我们要寻找的约束条件乃是交易的约束条件。

随着中国经济的发展，从总体上来看，农村的生活条件也有了很大的提高。因为笔者的分析是以笔者小时候生活过的农村为原型的——就像鲁迅的《阿Q正传》以未庄为原型一样，所以笔者眼里的农村虽具代表性，但却未必具有普遍性，而这正是真实世界的经济学的魅力之所在。农村的商店的数量比以前更多了，有的农村甚至出现了大型超市，大小商品几乎一应俱全，这无疑形成了对货郎的有效替代，除非货郎的商品有自己的特色，否则很难竞争得过有组织的商业企业，这主要是因为这些商业企业更容易具有规模经济和范围经济——大批量进货和多产品经营的成本优势，并且这些商业企业更容易形成稳定的预期——商品种类齐全和商店声誉效应。货郎要想具有自己的特色，除非销售那些具有"时效性"的商品，比如水果、鲜肉、蔬菜之类，因为这类商品可以赚取"运输成本"（交易成本）——因为人们懒得跑腿而付出的成本，这其中的道理和"西瓜摊中的经济学"和"报摊中的经济学"如出一辙。正是在这个意义上，经济发展的过程，就是潜在的交易成本是不断降低的过程，也是固化的交易成本不断增加的过程，前者为诺思的命题，后者则为张五常的命题，毫无疑问这二者并没有形成所谓的"逻辑悖论"，只不过是一个"形式转化"问题而已。

但是，一旦货郎卖的是水果、鲜肉之类的商品，那么货郎也就不再是传统意义上的货郎了。笔者注意到，农村的小商小贩确实有比以前更多的趋势，但是他们大都是以卖具有"时效性"的商品为主的，货郎向商贩的演化是由当地的经济发展状况（特别是商店发展状况）决定的。如果农村的便利商店对水果、鲜肉、蔬菜之类商品也能形成低成本的竞争优势的话，农村的小商小贩也照样会被商店替代，和货郎被商店替代是一样的道理。无论如何，交易总得由交易成本相对低的治理机制来完成。

货郎消失和潜在的交易成本的降低密切相关，而这个交易成本主要就是"运输成本"。摩托车和汽车在降低农村运输成本方面起到了重要的作用。运输成本的降低实际上还会使得信息更加对称，因为信息传播可以使得人们相对容易地知道商品的进货价格，而农民在价格方面总是"斤斤计较"的，他们不愿意吃一分钱的亏（所谓"把一分钱当成一个月亮"），这就会使得商品的利润比较"薄"，而商店正好是满足"薄利多销"原则的制度安排,当然,运输成本的降低也是促成商店成立的重要因素。运输成本降低的双重作用使得在商品的供给和商品的需求两方面都发生了不利于货郎的微妙变化,这一约束条件形成了对货郎职业的"致命打击"。

最后我们来分析一下货郎的机会成本,一个人愿意还是不愿意从事某个职业是和他的机会成本高度相关的。不管约束条件怎么变化,只要货郎能够从交易中获得符合自己要求的利润,货郎就会存在下去,这和企业能不能生存下去的道理是一样的。如果货郎的机会成本非常低的话,那么即使做货郎的利润很低,他也有可能断断续续地做货郎,"三天打鱼,两天晒网"。笔者在现实生活中也确实曾经观察到了这种现象,哪怕一天只能赚十块钱甚至五块钱,那个上了年纪的老货郎还是断断续续地从事他的职业(现在或许早已老得不能动弹了吧)。用激励理论的话说,他的"保留效用"实在是太低了,他的"参与约束"实在是太容易满足了,但是根本没有"议价力量"的他又有什么办法呢?

货郎的减少乃至消失正好可以对"民工荒"现象带来很好的启示。按照"货郎经济学"提供的道理,遭遇"民工荒"的企业实际上真正遭遇的是,按照现有模式组织交易(从事生产)已经不能适应新形势的发展了。"血汗工厂"的旧有模式必须按照降低交易成本的方式发生新的调整,或者迁移到更容易接近民工的地方,或者改变劳资关系、提高劳动报酬、更新组织结构,或者非常不情愿地被交易成本更低的企业淘汰掉。随着全球经济的发展,作为"世界工厂"的中国到底采用何种更加有利于增强自身优势的模式已经不单单是某个企业的问题,应该上升到国家层面的发展战略的问题,毕竟发展战略的选择是一阶选择,企业在发展战略下的选择只是二阶选择。

当然,目前中国东南沿海某些地区出现的"民工荒"也是由于在人口的流动上出现了问题,农民的约束暂时性或永久性地发生了新的变化。农民走出去"打工"的参与约束(个人理性约束)不能够得到有效的满足,或者是因为政策变化而导致的留在农业中的收益更高(近期宏观调控中的支农政策就起了这样的作用),或者是因为当地民营企业得到了一定的发展而导致留在当地企业的相对收益更高(民营经济的发展的竞争效应开始显现出来),或者是因为新生代农民的思想观念发生了很大的变化而导致保留效用的相应提高(消费的攀比效应和不可逆效应在这个过程中起了作用),这些都会导致旧有的劳资关系结构不再符合新形势下农民的参与约束(个人理性约束)。

[原文载于《经济学消息报》2004年10月8日(NO.614)第五版]

民工荒的政治经济学

据媒体报道，节后贵州外出民工流向出现"一起一落"的明显变化，浙江、上海等华东地区客流激增，而民工荒严重的广东方向却客流较少；作为全国四大民工源头之一的阜阳客流有62%拥往上海及长三角地区，而广东方向的客流却同比下降了2%。

另外，"为了破题民工荒，各地争降劳务门槛"，地方政府纷纷调整外来务工政策，开始着手消除对外来务工人员的歧视性限制，并且采取了一些"优待"措施。这是一个很好的信号，因为它说明，民工"用脚投票"的机制开始发挥一定的作用，特别是在降低地方政府的"行政成本"方面。

我国的民工在总量上是过剩的，但是总量上的过剩并不能掩盖结构上的短缺。其中的原因是多方面的，但主要是由于民工面临的约束条件暂时性或永久性地发生了变化，从而引起了民工与工作岗位之间的"匹配"失灵，不管这种失灵是由交易成本（主要是信息成本）引起的还是由行政成本引起的。基于此，要想从根本上解决民工荒就需要降低交易成本和行政成本，正是我们通常所说的"解铃还须系铃人"。

但是问题的关键是，不管是交易成本还是行政成本都是无形的，是我们看不见的，不碰到切实问题，我们是不会想到它们的，即使它们早就到了应该被解决的地步。从总体上看，民工在谈判中还处于弱势地位，他们在社会中的议价力量（Bargaining Power）是很微弱的，加之相关机制还不完善，所以他们的权益很容易被侵犯，曾经热极一时的"熊德明效应"其实正是对此的一个有力的证明。

民工荒所暴露的问题引起社会各方的强烈关注是一个好现象，因为无形的问题最终得需要"有形"的解决，这是社会进步的必然要求。企业和政府等相关各方都试图从自身出发寻找破解民工荒的办法，其实问题很简单，就是要相关各方把自身的外部性内部化，而不能把负外部性强加到民工身上，但知易行难，惯性思维不是一夜之间改变的。民工的议价力量低是因为他们的可替代性太强,民工之间的竞争严重地削弱了民工的议价力量;民工的议价力量在逐步提高是因为他们在生产过程中是不可或缺的,企业之间的竞争会提高民工的议价力量,政府相关政策的出台也有利于提高民工的议价力量。

单从地方政府的角度来看,民工"用脚投票"的蒂布特(Tiebout)机制开始发挥作用,这个地方对民工不好,民工就会到别的地方去,正所谓"人往高处走,水往低处流"。这种市场压力会是地方政府努力降低与外来务工人员和当地企业发展相关的行政成本,深化地方行政体制改革的动力。当地的有议价力量的企业也会从自身利益角度出发,对当地政府施加相应的压力。当然,如果是企业方面的责任的话,企业也必须从自身利益出发采取妥善的符合民工参与约束的措施。这在无形中提高了民工群体的议价力量,或许这是民工荒的一个意外收获吧。

(原文载于《第一财经日报》2005年3月3日A2版)

"滥竽"为何能"充数"

"滥竽充数"是大家都很熟悉的一个成语故事,其实也是一个很好的经济学案例,因为它的背后隐藏着一个普遍的经济学原理。我们对"滥竽充数"现象进行分析正是为了找到普遍意义上的东西。

"滥竽"为什么能够"充数"?是因为制度的设计上出了问题。制度的设计上出了什么问题呢?我认为是人为地加大了信息不对称程度,从而加大了个体的道德风险。从本质上讲,这似乎和"吃大锅饭"如出一辙。按照金融经济学上的套利模型,这实际上是给钻空子的人制造了套利机会,像南郭处士这样"聪明"的人自然不会放过这样的大好机会,直到套利的空间为零,他才会开溜。齐宣王把本来应该"人化"的判断标准"物化"了,在他设计的制度下,只要有一根"竽"就达到了标准,而不管拥有这根"竽"的人是什么样的人。

在我们的现实生活中,也确实存在齐宣王式的制度设计者,这就是"假学历"盛行的原因,也是官员攻博的原因。只要以一根"竽"作为判断标准,钻空子的人就有套利的机会,在收益大于成本的情况下,他们自然就会冒险,而实际情况往往是这种冒险的收益远远大于成本,再加上一些人为的保护冒险的机制,他们只会更加肆无忌惮。所以,我们得到的结论是:只要有可以用来套利的制度,就会有进行套利的人,直到这个套利空间为零为止。实际上这也符合"理性经济人"的经济学基本假设。

齐缗王设计的制度则是合理的,在这种制度下信息不对称程度被降到了最低,从而个体的道德风险也被降到了最低。有一根"竽"只是一个必要条件而不是充分条件,还要看个体能把"竽""吹"得怎么样,这就把齐宣王原本"物化"的标准"人化"了,从而使钻空子的人失去了套利空间。在现实生活中,像齐缗王这样的制度设计者还是占多数的，许多公司在招人的时候都是先进行笔试后进行面试，而不会仅仅凭一纸文凭。即使个体拥有的是真"竽"，如果"吹"得不好的话也不会被聘用。从这个意义上来说，文凭仅仅是一个斯彭斯意义上的"信号显示机制"，信号到底灵还是不灵还需要更进一步的鉴别。分析到这里我们很容易发现两个问题，就是不拥有学历但有真本领的人会怎么办，以及拥有学历却不具有真本领的人会怎么办，实际上这是本文分析的关键部分。从这两个方面进行分析才能够把"滥竽充数"的现象由表层向深层推进一步。

不拥有学历但具有真本领的人，由于自己没有"竽"，也就没有办法去"吹"了，不管在齐宣王设计的制度下还是在齐缗王设计的制度下都是这样，这是"唯学历论"造成的后果。所以，他们最有动力去"造假"，或者买一个假学历或者混一个博士学位，但这并不是他们的错，是因为社会错误地把学历（"物化"的东西）当成准入标准，而不是把能力（"人化"的东西）当成准入标准，这是制度演进上的一种错误。我认为，如同市场失灵和政府失灵一样，这是一种制度失灵。消除这种制度失灵，人们需要改变准入标准，以能力为基础，以学历为辅助，而不是相反。但在"能力正比于学历"的定式思维的影响下，这种制度失灵是很难消除的，所以社会在这个过程中引入了各种以能力为基础的职业技术资格考试，以期纠正制度失灵，但是这种纠正毕竟是有限的，所以还是需要政府采取有效的措施对这种制度失灵进行干预。

拥有学历但不具有能力的人，虽然自己有"竽"却不会"吹"，这就有两个方面的原因：一个是因为个体的所谓"高分低能"，另一个是因为学校的所谓"严进宽出"。其实这两个原因也可以归因于制度失灵，在目前中国这种制度失灵最主要的原因不是"高分低能"，而是"严进宽出"。"宽出"会导致许多不是真正具有能力的人去混一个学历，就会使中国的学历越来越"贬值"。而这又反过来促使更多的人去"造假"，因为太多人的高学历低能力现象使得鉴别机制发生了问题，社会不能够对真假进行识别了。一句话，这种恶性循环使得"学历"标准和"能力"标准都出现了问题，从而加大了社会和个体之间的信息不对称程度，也就加大了社会识别人才的成本，从某种意义上说也是加大了交易费用。对于这种制度失灵，应该从学校的角度进行解决。对一般的学生变"严进宽出"为"严进严出"，对某些人特别是官员的"宽进宽出"坚决进行打击，比如可以对一般学生和官员(特别是官员)的考试成绩和学术成果公开张榜,让社会进行监督。

［原文载于《经济学消息报》2002年8月9日(NO.501)第四版］

猎物与陷阱的是非

这些日子关于矿难的报道实在太多了,弱势群体矿工(主要是指那些私人小矿的矿工)越来越受到大家的关注。但我要提醒大家的一点是:这些关注是用矿工的鲜血换来的,无论如何,我都觉得这是一种沉痛的悲哀,或许有些"亲戚或余悲,他人亦已歌"了吧。

读了于新华发表在某报上的文章《社会生态失衡的恶果》后,有如鱼鲠在喉,不吐不快。作者把问题的责任归咎于矿工不能够"结盟",不分青红皂白上来就打了矿工"四十大板",虽然有"哀其不幸,怒其不争"的心情,但终究还是没有看清楚问题的本质,给人的感觉是隔靴搔痒、隔岸观火,根本就没有设身处地地为矿工着想。试问,如果猎人布置好了陷阱去捕获猎物,那么猎物的倒霉是自己的原因还是陷阱的原因呢?属于弱势群体的矿工不正是资本和权力结盟的猎物吗?在这里我只想用经济学的方法来分析一下这其中的原因,全当是对矿工微不足道的声援吧。

中国的矿难一而再再而三地发生,绝不是矿工的原因,怪矿工没有"结盟",就像怪盲人看不见一样。你以为是想要"结盟"就能够结成的吗?事情远远不是这么简单的。不要以为只有知识分子才是理性人,矿工也是理性人呀。他们的行为也是既定约束条件下的自身利益最大化。在目前的条件下,矿工还不可能形成同盟来对抗资本和权力的结盟,即使他们中的一部分人有这个愿望。

这些矿工有三种选择:一是不做矿工;二是做矿工但不"结盟";三是做矿工且"结盟"。在现实生活中,博弈的均衡解是什么呢?做矿工但不"结盟"。结果怎样了呢?他们成了资本与权力结盟的牺牲品。他们愿意成为牺牲品吗?肯定不愿意。但是他们为什么没有选择不做矿工或者做矿工且"结盟"呢?他们不做矿工就没有饭吃,所以他们只能做了。这就是人们常说的"明知山有虎,偏向虎山行"呀,是没有办法的办法。

既然做了,那么为什么不去"结盟"呢?这才是问题最为关键的部分。"结盟"是要有协调成本的,不是说一句话"上嘴唇合下嘴唇"那么简单,不像某些人那样"站着说话不腰疼"。是呀,中国自古以来就不缺乏能担待、有智慧的人物。可是,请不要忘记是"时势造英雄",而不是"英雄造时势",没有时势也就没有所谓的英雄了。组织型人物在矿工中的产生也是基于同样的道理。他的产生也是要有激励的,在成本大于收益的情况下是很难"破土而出"的,而在目前的条件下做组织型人物不仅要面对矿主的刁难,还要面对同事的猜忌,谁愿意做这样的冤大头呀?随便一个有能力的矿工就能够"振臂一呼,应者云集"吗?不是。没有出事以前,大家为什么要听你的?出了事以后,再想要听你的也已经晚了。这种打工是一种一次性(最多是有限次)的博弈,许多矿工几乎是"打一枪换一个地方"的,大家就更没有了听从某个组织型人物的理由,结果只能陷入博弈论里经常说的"囚徒困境"。这就是个人的理性导致的集体的非理性,每一个矿工都自以为是地追求所谓的自身利益的最大化,结果却导致每一个矿工最终不能实现自身利益的最大化。这些矿工几乎全部都是农民,这一点是无疑的了。本来中国的农民就是善分不善合的。在社会学家曹锦清著的《黄河边的中国:一个学者对乡村社会的观察与思考》里就有与此类似的"囚徒困境"的例子。矿工的悲哀只是所有这些悲哀的一个更凸显的缩影而已。

矿工的悲哀正是由矿工的理性造成的,关键是游兵散勇式的矿工缺乏重复博弈的合作基础。换句话说,在目前的情况下,组织型人物因成本大于收益而"难产",所以他们不能够自发地组织起来,从而使得资本和权力可以撇开劳工进行结盟。按照经济学上的分析,这个时候就需要政府出面对"资本和权力的结盟"进行干预,也就是说对制造陷阱的猎人进行管制,或取缔、关闭或改善安全条件。当然,以上的分析只是问题的一个方面。另一方面,实际上,政府可以考虑制造更多的就业机会,使劳工不选择这种本来就不合理的职业。

其实,中国最大的问题之一就是农民问题,农民问题说到底就是就业问题,而这个就业问题说到底又是就业机会的问题。如果没有正当合理的机会的话,不是机会的机会也就成了机会,这就是非法的私人小矿和其他害人作坊或工厂得以开张的原因。这使我想起了经济增长模型里的折现率。为了生存,这些劳工已经把自己对将来的折现率定得很小了,悲哀地说,基本上就是无穷小,他们只顾及眼前利益,而不考虑长远利益(包括生命)。

从这种意义上来说,是就业机会害了他们。当我们发现了问题的时候,许多人(包括学者)只喜欢从表面上做些文章,"头疼医头,脚疼医脚",罗列出一堆无关紧要的原因和办法。而实际情况正如胡鞍钢教授所言:"中国的就业形势十分严峻,已经成为世界上最大规模的就业战争。因此,如何与失业做抗争,如何创造就业乃是下一届政府的首要任务。"

[原文载于《经济学消息报》2002 年 8 月 30 日(NO.504)第一版]

牛的定价维度

曹冲称象的故事几乎家喻户晓，当时曹冲称象主要是为了满足大家对大象体重的好奇心。如果聪明的小曹冲能够把他的这一理念形式化(模型化)，那么"阿基米德定律"就要改名为"曹冲定律"了。顺着这个故事往下走，我们提出这样一个问题：一头大象的价格到底是由什么维度决定的呢？如果这个问题容易遭到动物保护者的抗议的话，那么我们可以把问题改为：一头猪的价格是由什么维度决定的呢？

定价的维度和定价的构成是两个不同的概念。定价的构成可以用我们熟知的"成本＋利润"进行分解，但是这无疑是从生产者的角度出发的。而定价的维度却是从消费者或购买者的角度出发的，也就是说消费者要根据物品的什么方面(比如重量、体积、颜色和味道)进行定价。

笔者小时候生活在农村，知道的事实是，猪的定价维度是重量，无论是猪崽(猪苗)还是成猪都是需要"过秤"的。但是问题到这里并不能打住，我们还得继续往下走。以笔者小时候知道的事实，农村买卖牛却是从来没有"过秤"的。这样的话，问题就出来了，牛的定价维度为什么和猪的定价维度不一样呢？

曹冲称象的实质在于把不可分的物品"转变"为可分的物品，可分的物品的称量在现实生活中司空见惯。用曹冲称象的办法来为牛测量体重，然后以此作为定价的维度无疑是测量成本(交易成本)太大，所以在农村现实生活中不足取。笔者在今年寒假曾经专门问过放牧牛羊的老者，他的说法是，牛之所以不"过秤"是因为没有"那么大的秤"；换个角度说，为了买牛而拥有特大号的秤对农村的养牛户来说同样是不足取的，这是因为一体化成本(交易成本)同样太大，当然，如果牛的数量非常多的话，或许拥有特大号的秤就是明智的选择，但是在笔者的视野范围内并没有看到养牛户这样做。

无论是在技术不可行的情况下还是在技术可行的情况下,在农村为牛称重都是交易成本过大的行为,所以必然会产生替代性的定价维度。那么现实生活中,这种替代性的维度是什么呢?据笔者所知,牛的购买者采用的是"目测法"。在农村,购牛者有两种,一种是买牛杀肉的,一种是买牛放养的,对这两种不同的人,他们定价的维度肯定是不一样的,前者的主要定价维度是牛产肉的能力,后者的主要定价维度是牛长肉的能力。在农村刚开始分地的时候,可能还有一种人是专门买牛犁地的,他们给牛定价的维度主要是牛耕地的能力,随着中国经济的发展,用牛耕地的现象已经不是很普遍了。

买牛杀肉的人一般要过"两道关",一个是中间人,一个是自己。中间人往往对当地的情况比较熟悉,拥有所谓的"软信息",他给买牛杀肉的人提供信息并做出初步的评估,赚取的是信息费用。买牛杀肉的人一般都凭经验的积累具有很强的评估能力,他要在关键时刻"一锤定音"。据笔者所知,买牛杀肉的人也有失误的时候,他估计的出肉量和实际的出肉量发生一定的出入,但是总体上来讲不会有太大的悬殊,这主要是因为他们买的牛很多很多,正的出入和负的出入在长期会相互抵消,实际上相当于他自己给自己买了"保险"。打一个不恰当的比喻,买牛杀肉的人相当于在股票市场里炒"指数"。

买牛放养的人只需要过"一道关",这道关就是他自己。如果他估计牛的成长潜力很大的话,他可能就会"敲定"这一选择。买牛放养的人只是在牛的市场中寻找自己认可的"潜力股",当然,他只是相当于股票市场里的"散户",特殊风险必须由自己承担。据放牧牛羊的老者所说,他失误的时候很多,大都是因为"预期"出了问题,根据当时的情形做的判断不能"知错就改",比如他预期某种品种的牛可以长得很快,结果却几乎没有长;比如他预期粮食的价格会不变,结果粮食的价格上升了。养牛的周期比较长,所以其间其他因素发生变化的可能性也就比较大。但是,这些因素并没有影响养牛的人买牛的时候以牛的长肉能力作为定价的主要维度。

问题到这里还不能结束,因为还存在一个重要的问题:两种购买者的市场是怎样达到均衡的呢?只要两种定价的主要维度不一样的话,就会出现对同样的物品定出不同价格的现象,这是很容易理解的。对于这种现象现实生活中的反应又是怎样的呢？有的时候，很有长肉潜力的牛犊也会被杀牛的人买去，这主要是因为养牛的人基于他的维度的定价小于杀牛的人基于他的维度的定价，笔者小时候在农村牲畜集市上就听到过"这头牛犊子遭殃了(死定了)"的哀叹声。有的时候，很有出肉潜力的成牛还会被继续饲养，这主要是因为养牛的人基于他的维度的定价大于杀牛的人基于他的维度的定价。这其中的道理可能还要更为复杂，主要是因为还有其他许多因素相互作用，但是终究离不开"预期机制"的作用。

问题在于，养牛的人对牛的定价终究还是得依托杀牛的人对牛的定价，因为养牛的人不可能把牛一直养下去，牛长肉的潜力是随时间递减的，从这个角度来看，养牛的人受市场风险的影响更大，从而达到市场均衡的"谈判力量"更弱、"谈判位置"更差。

如果两种购买者是买牛杀肉的人和买牛犁地的人，那么市场的均衡又会是另一种样子，但是无疑会比两种购买者是买牛杀肉的人和买牛放养的人的情形更为简单。不过总体上来讲，牛的用途还是取决于不同的维度对牛的定价。

上面对牛定价的分析主要是以鲁南当地农村为背景的，属于真实世界里面的真实事件，毫无疑问，这和以大草原的背景分析的约束条件是很不相同的。和"瞎子摸象"的故事一样，我们决不能拿自己知道的那一点来"以偏概全"，但是我们知道的那一点的确是真实世界的不可分割的组成部分，忽视这一组成部分的整体是不完整的。

［原文载于《经济学消息报》2004年5月7日(NO.592)第二版］

缠足的经济学

女性缠足是中国历史上的特殊现象,对这一特殊现象进行解释的文章已有不少,但是笔者总觉得缺乏现实性和真实性,因为这些解释忽略了最为重要的约束条件——年龄。笔者小时候生活在农村,曾经亲眼看到过许多上了年纪的缠足女性。笔者的奶奶在世的时候曾经给笔者讲过她小时候缠足的亲身经历,据说缠足时很痛苦,要很长一段时间才能"正常"走路。

笔者还翻阅了相关的缠足资料,了解了缠足现象的历史渊源。女性缠足之所以在中国发生而没有在别的国家发生,显然有其深刻的原因。首先,我们应该强调偶然性的重要作用;其次,我们应该看到互补性的重要作用;最后,我们应该看到约束性的重要作用。只有把这三个方面结合起来考虑问题,才能把握缠足现象的本质,而年龄约束则是主线。

强调偶然性的重要作用并不是否定必然性,偶然之中有必然。我们知道,经济学中一向把偶然性放在一个突出的位置,诺贝尔经济学奖得主哈耶克认为自发秩序(比如市场体系或价格体系)就是从无意识的偶尔为之演化为有意识的经常为之。举个例子,宪政在英国的起源也是一种偶然,是利益各方势力恰好均衡的结果。但是偶然性的事物一旦具有了收益上的竞争优势,它就会自动形成某种趋势,这种趋势就是尽可能地释放出它自身具有的"能量"。缠足的最初产生也属于一种偶然性,虽然缠足的起源说法不一,但是每个起源都是从女性的个体行为出发的,都是包含该行为主体的即时性目的的,这种方法论上的个人主义必然蕴涵个体利用发散知识来"试错"的过程,缠足现象正是在这种"试错"过程中出现的。"试错"过程本身就具有偶然性,具有偶然性的东西谁也不能准确预测能不能出现,这或许在某种程度上和科学发明有些类似。

偶然产生的东西能够成为一种"占优策略"并逐渐在社会上流行开来，必然有其内在的原因。笔者认为，这个内在的原因就是互补性，缠足现象也离不开这种互补性的作用。青木昌彦教授的观点值得反复强调，一个新的活性选择，有可能不能独立存在，但是如果存在一种互补的制度，或者在另一个领域也发生了同方向的变化，那么在这两个领域之间的相互强化就会为新制度的建立创造出一种契机来。中国小农经济的制度环境为女性缠足提供了这种互补性。男耕女织的生活方式保证了女性即使缠足也不会在很大程度上丧失生产力，也就是说，封建社会的家庭分工不会弱化而只会强化缠足现象，缠足现象可以"嵌入"小农经济。与此同时，男权社会特有的审美观也会导致女性缠足现象的强化，这只是一种由上到下由少到多的"示范效应"，这和凡勃伦在《有闲阶级论》中的观点相一致；缠足的成本根本不会被男性内部化是缠足能够盛行的一个原因，父母为了自家女孩的美丽而引起的竞争上的"囚徒困境"又是缠足能够盛行的另外一个原因。所有这些原因加总起来导致了缠足现象的长期"驻存"。

最为重要的原因还是在约束性方面，这也是本文的解释不同于其他版本的最为明显的方面。缠足现象的约束条件决定了缠足现象的优化方式。我们知道，张五常教授是用降低"逃跑成本"来对此进行解释的，他认为女性缠足可以降低女性结婚后的"逃跑成本"。虽然这种解释是很难被驳倒的，但是这种解释并不具有一般性，"逃跑成本"或许应该用在女性在缠足过程中的逃跑上；女孩子缠足在更一般的意义上是因为"反抗成本"太高，而"反抗成本"太高的直接原因就是年龄太小，"逃跑成本"只不过是"反抗成本"的一种极端表现形式而已。缠足是在女孩子还很小的时候进行的，因为缠足要忍受巨大的痛苦，所以女孩子就存在逃避缠足的可能性，但是女孩子的"反抗成本"太高，这样总体上也就能够维持缠足现象的进行。

关键的地方还是在于女孩子的年龄，忽视年龄约束进行的解释很难接近"真理"。女孩子的选择根本就不是自己的选择，因为她们根本就没有达到为自己的行为负责任的年龄，只是父母让她们这么做她们也就这么做，从这种意义上来说，孩子就是家庭的私有财产(动产)，家庭对她们拥有绝对的控制权。年龄约束使得初始意义上的"显性成本"变成了后继意义上的"隐性成本"，本来是"可以觉察的成本"变成了"不可以觉察的成本",正是因为这样,粗心的人才容易"打马虎眼",把缠足现象当成"雾里花水中月"。

分析到这里,"案情"似乎已经很明朗了。我们可以从不同的角度给这种年龄约束以不同的解读。用诺贝尔经济学奖得主詹姆斯·布坎南的观点来表达,缠足现象实质上类似于公债,大家都"同意"通过发行公债来让"后代"弥补财政赤字,"后代"承担了不该自己承担的责任,这种公债一旦发行下去就有一种自我维持的趋势,福利国家的情形就是这个样子。缠足的女性会要求自己的女儿和自己一样缠足,这是一种行为的"代际转移",因为已经缠足的女性也要维护自己的"既得利益"——哪怕这个所谓的"利益"包括社会虚幻和社会压力的成分在内。没有熬成婆婆的媳妇总是抱怨婆婆的压迫,而一旦媳妇自己熬成婆婆也照样会压迫新媳妇,道理就是这么简单。用著名转型经济学家雅诺什·科尔奈的观点来表达,缠足现象实质上类似于"预算软约束",在这种情况下,父母根本就没有把孩子缠足所付出的成本考虑在内,只是按照自己的"想当然"来行事,而这在很大程度上又和男权社会分不开,当然,这种"预算软约束"之所以能够持续地进行下去是因为不断地有冤大头"后代"来"埋单",正如"愚公移山"里所说的"子子孙孙无穷尽也"。

总而言之,笔者的观点是缠足并不是行为主体的自愿性选择,完全是一种强制性选择,但是这种强制性选择却具有一种自我加强的机制,这或许就是封建社会的苦难能够不断产生的一个重要的原因吧。笔者的分析也很容易在现实中推广开来,比如父母强迫孩子学习弹钢琴、学习绘画书法、学习唱歌,诸如此类,"可怜天下父母心",名义上是为了孩子着想,实际上可能根本就没有考虑孩子的学习成本,但是这种强制性选择却能够不断持续下去,道理和"缠足的经济学"如出一辙。

[原文载于《经济学消息报》2004年7月2日(NO.600)第七版]

爱情的另一种解释

读了《经济学消息报》上高小勇的《爱情：也是一个市场？》，又读了《经济学消息报》上陈水芬的《爱情形不成市场》，小勇坚持把成本分析贯彻到底，水芬则坚持给爱情戴上了神秘面纱。我认为，成本主义和神秘主义最终都可以统一在爱情的时间约束上。人的生命是有限的，在有限的生命中搜寻到真正意义上的爱情是人生最现实的约束，当然，时间约束条件下的求解可能存在最好的答案，也可能根本不存在最好的答案，而现实的情况往往是不存在最好答案的可能性比存在最好答案的可能性更大，这或许就是爱情成为永恒的话题的一个最为主要的原因吧。我认为经济学要把爱情处理成时间约束条件下的最大化行为，这既是经济学的局限也是经济学的优势，就像一枚硬币必然有两个面一样。

爱情类似风险投资，是一种高度不确定的东西，从哲学的角度来看，爱情虽然不像"海底捞月"，却很像"大海捞针"。如果你得到了美好的爱情，那只是你幸运；如果你没有得到呢，那可就要"具体问题具体分析"了。就像诺贝尔经济学奖得主加里·贝克尔所说，早结婚的人或者因为自己幸运或者因为自己悲观，而晚结婚的人则或者因为自己不幸或者因为自己乐观。幸运的人可能一下子就找到了自己想要找的人，不管是"一见钟情"还是"青梅竹马"，这就如同杰文斯所说的"需求的双重巧合"，免去了"众里寻他千百度"之苦，用诺贝尔经济学奖得主乔治·斯蒂格勒的话说，就是他（她）们的"市场效率"高。当然啦，不幸的人呢恰恰相反。悲观的人没有足够的耐性，也许是对自己的将来没有信心了吧，用经济学的话说就是折现率低，以至于大大缩小了前程的现值，所以也就很快找到了自己的另一半，"随随便便才是美，平平淡淡才是真"，这样的两人世界也蛮好的嘛，"贫嘴张大民的幸福生活"由此"拉开序幕"。乐观的人可就不完全这样了，为了真爱"不达目标誓不罢休"，就像好莱坞最引人注目的男明星罗素·克洛那样迟迟不肯结婚，最后或许就会如同蒲松龄写《聊斋志异》那样"有志者事竟成"了。

很显然，悲观型人的爱情往往属于"个人理性匹配"，而乐观型人的爱情则往往属于"稳定匹配"，在"强度"上是很不一样的，在"幸福度"上也是很不一样的。"个人理性匹配"的意思是：一个人对他（或她）的配偶是可以接受的，仅仅是可以接受而已，相当于仅仅达到了"局部最优化"。而"稳定匹配"的意思则是：一个匹配不会为任何个人或任何一对人所阻止，也就是说，匹配是牢不可破的，相当于已经达到了"全局最优化"。当"有情人终成眷属"的时候，爱情就达到了经济学上所谓的均衡状态。对于某些人，特别是"个人理性匹配"型的人来说，随着时间的流逝，双方的信息对称程度越来越大，双方的交际范围也越来越大，其爱人带来的边际效用有可能越来越小，而在好奇心的驱使下，别的异性带来的相对边际效用却有可能越来越大，此消彼长，此时的爱人可以当作经济学上所谓的"异质商品"了，虽然人还是那个人，但一旦时机成熟，他（她）就有可能"另攀高枝"，原本"匹配"的一对就会发生类似化学里所谓的"裂变反应"，演艺圈里的人离婚的比较多，大抵就是这个原因吧。爱情可以有多次"局部最优化"，却可能连一次"全局最优化"也没有，这完全是由时间约束造成的试错成本。从爱情的角度来看，没有时间约束的人最有可能实现"全局最优化"，因为这时他（她）没有时间成本，可以通过时间来有效对付信息不对称，以时间换信息。但是没有时间成本的假设就像罗纳德·科斯的零交易成本假设一样不现实，或许只能在天堂里存在。

其实，以上的情况也可以套用理性上瘾行为理论里的"忍耐效应"和"增强效应"进行分析。"忍耐效应"是说：当过去的消费量较大时，从给定的消费水平所获得的满意程度将减弱，这种情况可能对应于"个人理性匹配"型的人。而对于另外一些人特别是"稳定匹配"型的人，恰恰相反，他（她）们获得的是"增强效应"，"增强效应"是说：增加某种商品的当前消费会提高未来对该种商品的消费，换句通俗的话来说，两个人在一起的时间长了会形成一种默契，古诗里所谓的"心有灵犀一点通"，也就是形成了贝克尔意义上的"消费资本"（可以当成人力资本的一种形式）的积累。事实上，我认为，对大多数人来说，获得的应该是"忍耐效应"和"加强效应"的双重叠加，就看哪一个效应更占优了。小勇在解释《泰坦尼克号》的男女主人公的行为时认为,不管谁离开谁都会觉得自己的成本太高,其实他是在说男女主人公之间的"增强效应"太大了。小勇不相信智力和知识悬殊的男女之间会有爱情,其实他是在说这样的男女之间精神交流的成本太高了,"忍耐效应"太大了。所有的事情都有例外,爱情也不例外,但我们只能说,能够解释大多数爱情的经济理论就是好的经济理论。

爱情只是一种选择,一种具有很大的"沉淀成本"的选择,一种具有很强的"锁入效应"的选择,一种只可意会不可言传的选择。爱情绝对不是一个彻头彻尾的市场,爱情也绝对不是一种彻头彻尾的神秘,它是介于市场和神秘之间的某种东西,就如同光具有波粒二象性一样。爱情的选择会受到时间约束的限制,因为时间具有不可逆性,所以爱情的选择也具有不可逆性,错过的列车被重新搭乘的可能性很小,世界上没有卖后悔药的。因为爱情的标准是每个人内生地认定的,所以爱情具有神秘性;又因为爱情的对象是由环境外生给定的,所以爱情具有市场性。而这一切的一切都是由时间约束造成的,时间能够证明一切,时间能够改变一切,时间也能够毁掉一切,爱情只是白驹过隙而已。

[原文载于《经济学消息报》2004年8月20日(NO.607)第八版]

报纸为什么免费发送

俗话说得好:天下没有免费的午餐。但是,这个道理在免费报纸身上似乎遇到了不小的挑战。我们禁不住要问:免费报纸真的是免费的午餐吗?如果是的话,它是怎样做到免费的呢?

根据《每日经济新闻》2005年9月28日国际版提供的消息:在瑞典,全球首份免费日报《地铁报》于1995年隆重登场;在美国,头号报业巨头甘尼特一口气推出了9份免费报纸;在英国,《每日邮报》与劲敌《独立报》竞相推出免费日报,并纷纷将战火烧到了国门之外的爱尔兰;在德国,不要钱的《科隆20分钟》一问世,立即对科隆的报刊市场和广告市场形成了有力的冲击;在日本,发行量50万份的《今日标题》已与路透社、彭博社,以及其他外国通讯社达成了供稿协议。在众多免费报纸中最引人注目的非《地铁报》莫属,这份首先于1995年在瑞典问世的报纸,在短短10年间成功打入了包括美国在内的17个国家的60多个城市,共发行了45个版本,每日读者人数高达1500万。

在中国香港,已经有了3份免费报纸:《都市日报》《头条日报》和《AM：730》,其中《都市日报》和《头条日报》的日发行量分别为30万份和40万份。在中国内地,由上海解放日报报业集团主办的《I时代报》于2004年3月正式创刊,并在地铁沿线免费发行。北京地铁里也出现了《职场》《前程》等免费赠阅、提供职讯的小型报纸,以及生活、服务类周刊《D壹周》。《河南商报》计划免费发行。《广东日报》即将出版免费报纸。

在收费报纸由于各种原因发行量"勉为其难"的情况下,免费报纸为什么能"势如破竹"般火起来呢?这其中蕴涵着什么样的经济学道理呢?聂辉华曾经在《经济学家茶座》2005年第3辑(总第21辑)上以《报纸为什么不免费发送?》为题分析报纸为什么不免费发送,他认为传统报纸不免费发送是由监督成本决定的,报纸如果想要正常出售(不当废纸卖)的话,其零售价至少要弥补监督成本。笔者的分析跟聂辉华的分析采用了完全不同的视角,打个不恰当的比方,当聂辉华看到了乞丐在乞讨时,他想要问的问题是别人(不做乞丐的人)为什么不乞讨;而当笔者看到乞丐在乞讨时,笔者想要问的问题是乞丐为什么会乞讨。因为问题的视角不一样,所以我们对同一个现象给出的答案也就不一样。同样的真实世界的故事,不同的视角会揭示出不同的内涵。笔者认为,新制度经济学的出发点就是解释"'存在'在什么样的约束条件下'是合理的'"。

免费报纸为什么会出现呢？当然,最简单的答案就是免费报纸有利可图。免费报纸为什么有利可图呢？当然,最简单的答案就是广告收入减去发行费用、印刷费用等成本后还能满足办报人和工作人员(记者、编辑等)的参与约束。有利可图是诱发制度创新的根本原因,但是如果组织成本太高的话,制度变迁还是不能实现,就像"合作建房"虽然对买房者有利可图,却往往因为组织成本太高而只能"流于口号"一样。免费报纸在组织形式上跟传统报纸有明显的不同,如果我们拿传统报纸的组织形式来类比免费报纸的组织形式的话,我们只会得出似是而非的结论。而新制度经济学,特别是交易成本经济学的要旨就是,不同的治理结构会适合不同的交易属性,免费报纸的交易属性跟传统报纸的交易属性是不一样的。打一个不恰当的比方,如果我们把传统报纸看成是业已成熟的"大企业"的话,那么免费报纸就相当于"小企业","大企业"不能完全取代"小企业","小企业"也不能完全取代"大企业",两者属于分立结构(功能上互补边际上替代的组织),虽然两者在功能(比如市场定位)上不同,但均衡时在边际组织成本上却是相等的。这样一来,免费报纸的边界会一直扩展到和传统收费报纸的边际组织成本相等的地方,这就是新生的免费报纸会迅速改变报业格局的主要原因。答案非常明显,免费报纸的出现是由组织成本决定的,监督成本只不过是给定组织形式下的组织成本的某一种形式而已,换句话说,组织成本是一阶问题,而监督成本只是二阶问题。按照传统的组织形式对原来的收费报纸进行降价甚至直至降到零,跟按照崭新的组织形式创办免费报纸是两种完全不同的模式,但是聂辉华的分析却隐含假定了两者是完全等价的,这是他只能拿传统报纸"开刀"而不能拿真正的免费报纸"开刀"的主要原因。聂辉华第一步解释的报纸为什么不能免费发送就是建立在传统报纸的传统组织形式基础之上的，他暗含的一个重要假设就是报纸是通过传统报摊进行发送的，而实际上真正的免费报纸却根本不是通过这种渠道进行发送的。

免费报纸是如何进行组织的呢？免费报纸在市场定位、采编模式、运营手段等方面与传统报纸存在着非常显著的差别，正是这些差别决定了其组织方式的不同。免费报纸定位于公交或地铁上的特定流动群体，这个群体大部分属于白领阶层的"上班族"，是广告商最想要的传递广告信息的对象，这就决定了免费报纸会受到广告商的青睐；免费报纸以提供全面而简要的概述性新闻和各类实用信息为主，以期在最短的时间内达到最广泛的传播效果（创造快速阅读机制），迎合了大众，特别是年轻人的口味，这就决定了免费报纸会受到特定读者群的青睐。免费报纸的新闻报道以通讯社的通稿或摘编其他报纸为主，工作人员（记者、编辑等）很少，这就决定了免费报纸的采编成本会非常低。免费报纸放在公交站、地铁口等场所，由行人自取，这就决定了免费报纸的发行成本会非常低。免费报纸在组织成本上有着自身的优势，但是也有自身的劣势，这种劣势主要体现在监督成本上，在这一点上聂辉华的分析是很有启发性的。免费报纸既然相当于公共物品，就必然存在租金耗散的问题，就不排除被挪作他用甚至被当作废纸卖掉的危险。但是笔者宁肯相信，免费报纸自身的组织已经在很大程度上设计出了防止租金耗散的制度安排。第一个制度安排就是根据估计的公交或地铁流动人口数量定量发放免费报纸，不会无限量供应。第二个制度安排就是在上班高峰期发放免费报纸，这样报纸被挪作他用的机会就会骤然减小。第三个制度安排就是有可能适当地派人监督免费报纸的发放，一旦发现恶性挪作他用现象就及时予以制止。定点定量定时的发放本身就给监督带了方便，降低了监督成本，同时也为免费报纸的"正常"需求量提供了非常有用的信息。这当中，人口的流动性、站牌的固定性和时间的聚点性成为降低监督成本的重要约束条件，免费报纸发送过程的自我实施离不开这些重要的约束条件。我们在分析免费报纸时不能抽象掉这些约束条件，否则我们得到的答案就会脱离实际情况，就像新制度经济学批评新古典经济学抽象掉了不该抽象掉的约束一样。

不同的组织形式对应不同的组织成本,不同的组织成本决定了不同的行为选择(比如报纸发送时免费还是不免费)。免费报纸之所以能够免费发送正是由于采用跟传统报纸不同的组织形式,免费报纸跟传统报纸的比较首先是组织形式的比较,其次才是价格的比较。如果说中国内地能够出现发行量大、影响力强的免费报纸的话,那么这样的报纸可能会出现在北京、上海、广州等大城市,因为这些城市更具备免费报纸"横空出世"的约束条件。如果想突破大城市的约束条件为免费报纸"另辟蹊径"的话,还是要重视组织方式的创新,比如直接配送入户,但是这样却可能增加发行成本,然而这种方式却可能适合从传统报纸脱胎而来的免费报纸,对此的具体分析就留给读者自己去思考吧。

［原文载于《经济学消息报》2006年8月25日(NO.711)第五版］

小桃园背后的道德困境和产权难题

南京市下关挹江门外的小桃园公园占地13万平方米,植有11 000株油桃、水蜜桃等桃树,因在赏桃上有自身特色,所以远近闻名。根据公园管理方的保守估计,万余株桃树在成熟时可获桃子5万斤(即25 000千克)以上。但是令人无奈的是,自2003年开园以来,万余株桃树等不到桃子成熟,就被游客采摘一空。因为大家在摘桃子时只顾方便,所以很多桃枝被折断了,据报道折断的桃枝就装满了两车。公园朱经理曾经无奈地说:"就算拴只老虎在这儿,只怕也没用。"公园十多名工作人员巡视一圈要花半个多小时,而游人络绎不绝,根本就看不过来。即使公园管理方特意挂出了"果实喷有农药"的牌子,对游客进行善意劝阻,也没有起到什么效果。① 在小桃园事件上,媒体几乎一边倒地批评南京市民整体道德素质不高,比如著名的江苏城市电视台的主持人孟非就批评许多南京市民分不清公与私的界限,公家的东西私人是不能拿的。我对这些批评是持保留意见的,这种道德批评从表面上看抓住了问题的核心,但经不起严格的推敲。实际上,这个问题的背后体现的是道德困境和产权难题。在分析这种现象时,我们不能用传统的定式思维来思考问题。否则,我们就很容易掉进道德困境和产权难题的"泥沼"而不自知。

我们先分析一下道德困境。道德在市场经济中的作用是非常重要的,市场经济背后有一个看不见的道德基础。离开这个道德基础的支撑,市场经济的运行成本就会非常高。但是,在用道德分析问题的时候我们很容易陷入困境。在个体同质程度非常高、异质程度非常低的群体中,个体之间的道德素质相差无几,这个时候某个个

---

① 关于小桃园事件的详细报道可以参见《金陵晚报》2009年6月3日A03版(现场新闻版)的报道《万株桃树颗粒无收,今年小桃园5万斤桃又被摘光——我们这些热爱采摘的市民们是不是采错了地方》。

体的道德素质基本上可以代表整个群体的道德素质。在个体同质程度比较低、异质程度比较高的群体中,个体之间的道德素质相差很大,这个时候某个个体的道德素质就很难代表整个群体的道德素质。实际情况往往是,一个群体中的不同道德素质的个体一般来讲是呈正态分布的,道德素质极高的个体和道德素质极低的个体都是非常少的,绝大多数个体的道德水平都处于中间水平。道德发挥作用的前提条件是道德会给某个行动中的行为主体带来某种情感成本或心理成本,此类成本我们姑且称之为道德成本。对个体而言,如果某个行动带来的收益小于道德成本,那么他就不会去实施这个行动。问题的关键在于,不同的个体有不同的道德成本。具体到去公园偷桃子这种行为而言,道德成本处于某个临界水平的个体肯定不会做这样的事情,只有那些道德成本低于这个临界水平的个体才会去做这样的事情。把这个道理进一步推向极端,道德成本最低的人从偷桃子的行为中获得的净收益最大,所以他们最有激励和动力去偷桃子,直到桃子几乎偷无可偷为止。沿着这个逻辑往下走,我们会发现,对南京市民的批评只能是对用处于正态分布的"尾部"个体的批评,否则很容易犯"冤枉好人"的扩大化错误。只要用道德来分析问题,就算南京市民的整体道德素质非常高(比方说高出全国平均水平几个百分点),也不能保证南京市民不受道德批评。这是由道德分析的内在局限决定的。

分析到这里,笔者想起了以前读到的一个笑话。"天下有贼",一个做贼的师父带着一个做贼的徒弟,贼徒弟很不习惯可以威慑自己的警察的存在,就像老鼠很不喜欢猫的存在一样。于是,贼徒弟对贼师父说,这个社会要是没有警察该有多好呀!但是,贼师父却对贼徒弟说,他的这种想法是非常幼稚和错误的,要是没有警察的存在,做贼的竞争就会非常激烈,他们可能早就在贼行业的竞争中被淘汰了,哪里还会有像现在这样"牢靠"的"饭碗",正是警察保护了他们师徒,使那些有贼心没贼胆的人不敢做贼呀。这个笑话显得有些"粗糙",用在这里也不是特别合适,但是这个笑话背后隐藏的道理却并不"粗糙"。在南京小桃园事件中,南京市民的整体道德素质越高,南京具有高道德素质高的市民越多,就越会为处于正态分布的"尾部"个体提供"大规模"偷窃桃子的激励,就像报道中报道的那样他们会拿着麻袋成袋成袋地偷桃子。这是一个不折不扣的道德困境,道德素质高的人给道德素质低的人制造了"更好的机会"。

这样一来,道德批评就显得黯然失色了,因为不管是哪里都存在个别"害群之马"。

我们再分析一下产权难题。很多人在分析问题的时候,想当然地把小桃园公园的桃子的产权看成属于公园的,然后进一步引申看成属于公园管理方的。公园管理方也认同和支持这种观点。实际上,这是用既定的思维方式来思考问题。讲授新制度经济学的教师在讲到产权经济学那一部分的时候,经常举的一个带有笑话色彩的例子就是,把月球的产权界定给一位八十岁的老太太是没有任何意义的,因为她的监督成本太高了,高到了她无法监督的程度,她连别人有没有登上月球都无法弄清楚。小桃园公园也出现了这样的难题,即使桃子的产权是属于公园管理方的,在公园管理方无法有效监督的情况下,这样的产权也没有什么实际意义。学习过产权经济学的人都知道,产权是一组权利,有些权利是可以界定清楚的,有些权利是很难界定清楚的,权利界定的过程是由界定权利的收益和成本之间的权衡决定的,在影响这种权衡的因素中最为重要的包括要素的相对价格、排他性费用、人口压力、资源的稀缺程度、技术和政治偏好等,产权的界定程度会达到预期收益为零的均衡点。巴泽尔(Barzel)认为,在完全界定某种权利的成本(比如监督成本)非常高时,无法得到充分界定的权利就会形成所谓的"公共领域"。处于"公共领域"的物品会存在"租金耗散"现象,"租金耗散"现象的极端例了就是"公地悲剧",比如公共渔场的过度捕捞、公共牧场的过度放牧。南京小桃园公园的桃子正好处在了"公共领域",所以必然会存在"租金耗散"现象,桃子被偷只是"租金耗散"的一种表现形式而已。

怎样才能破解南京小桃园公园的桃子的产权难题呢?我想我们还是能够从理论上找到启示性答案的。在产权经济学中,我们经常讲的就是诺贝尔经济学奖获得者科斯(Coase)开创的新传统。在20世纪60年代之前,社会中的主流观点大都是因袭庇古(Pigou)传统,认为在处理市场失灵的外部性过程中需要引入政府干预力量,负外部性制造者或被课税或者被惩罚,负外部性受影响者则被给予补偿。但政府干预往往存在失灵现象,这就促使经济学家重新思考市场失灵的原因,以及政府在消除市场失灵中所能起的作用。庇古传统最终被科斯打破。科斯指出,人们一般将负外部性问题视为甲给乙造成损害,因而所要解决的问题是:如何制止甲造成损害?而实际上必须解决的真正问题是:允许甲损害乙还是允许乙损害甲?关键在于避免较严重的损害。科斯进一步强调,应当从庇古的研究传统中解脱出来,寻求方法改变,在设计和选择社会格局时,应当考虑总的效果。回到小桃园事件上来。公园管理方拥有采摘桃子的权利,附近居民拥有到小桃园公园游玩的权利,除了在公园的桃子慢慢成熟的这段时间以外,公园管理方和附近居民在权利上是不冲突的。但是在公园的桃子慢慢成熟的这段时间内,公园管理方和附近居民在权利上就是冲突的了,公园管理方不能因为自己拥有采摘桃子的权利就妨碍附近居民到公园游玩的权利,但附近居民却因为自己拥有到公园游玩的权利而妨碍了公园管理方采摘桃子的权利。所以,问题的关键在于如何在两种权利的所有者之间进行科斯意义上的谈判。只要桃子的收益足够大,公园管理方可以通过跟附近居民谈判来"购买"在公园的桃子慢慢成熟的这段时间内附近居民到公园游玩的权利,一旦"购买"了这种权利,公园就可以在桃子慢慢成熟的这段时间内"封园",桃子的产权也就得到了有效的保护。"购买"的方式可以是公园管理方每年把桃子换来的钱的一定比例用在为附近居民添加公共设施(比如,公共健身娱乐设施)上,也可以是附近居民可以接受的其他方式。桃子可以在成熟之后摘了卖掉,也可以在成熟了之后做成蜜饯卖掉,还可以在成熟了之后卖采摘权(城市人特别喜欢采摘),当然要公园管理方会选择其中收益最大的方式。如果桃子的收益不是太大,公园管理方也就很难"购买"在公园的桃子慢慢成熟的这段时间内附近居民到公园游玩的权利,结果就是桃子处在"公共领域",在还未成熟之前就被偷掉了。

总而言之,小桃园公园事件的背后隐藏着道德困境和产权难题,我们的分析可以破除社会上一些流行的似是而非的观点。小桃园公园的桃子被偷在很大程度来讲并不是一个道德问题,而是一个产权问题,更确切地说是产权不能被清晰界定下的"租金耗散"问题。经济学特别是新制度经济学在分析真实世界中的现象的时候,往往会给大家提供一个看待问题的不同视角,这样的视角往往会让大家有"意料之外,情理之中"的感觉,我想这就是经济学的魅力所在吧。

[原文载于《经济学家茶座》2009 年第 4 辑(总第 42 辑)]

价格虚高二题

同样的症状未必意味着同样的病根,同样的结果未必意味着同样的约束。治疗人体之病的关键在于找准病根,治疗经济之病的关键在于找准约束。

煤价虚高:行政成本的约束

最近一些媒体对山西煤价虚高现象进行了调查采访,报道证明了虚高的"罪魁祸首"出在了中间环节——销售和运输上,而煤运公司则是最大的中间环节。这种调查采访的意义就在于为我们提供了情景性知识或地方性信息,但是对此的经济学分析还得从约束条件的变化找准看待问题的视角。

中国的粗放型经济增长最终遭到了资源约束,不断增大的能源需求导致了能源紧张。在供不应求的形势下,煤炭的价格在一定范围内上涨本来属于情理之中的事情。但是,问题的关键正是合理范围以外的虚高的部分。煤价虚高的幅度太大会加大中国经济发展的成本,特别是企业的生产成本,更为重要的是,这种影响会对中国经济形成一系列的连锁反应(比如对CPI的影响)。

我们要始终记住,财富不是生产出来的,是交易出来的,由生产导向转为交易导向是由计划思维转为市场思维的必然过程。生产环节主要考虑生产成本,交易环节主要考虑交易成本,而行政成本则是这两个环节中都必须加以考虑的。由于矿工的可替代性很强,所以他们并不会成为煤价虚高的真正受益者,事实上,他们的事故风险反而有可能增大了,不断发生的矿难就是对此的一个有力明证。煤价虚高的真正受益者是在煤炭的"变现"过程中可替代性弱从而议价力量强的行为主体,而煤运公司和铁路部门正好承担了这一角色。煤运公司和铁路部门本来就是交易成本的化身,或者说是降低交易成本的载体,本来就是要通过显性的交易成本来降低隐性的交易成本,从而促进交易的顺利完成,但是现在它却成为"租金收取者",原因就在于煤炭的生产能力大大超过了运输能力。我还从来没听说过同样是交易成本载体的小商小贩能够如此这般,原因仅仅在于小商小贩不能像它们那样形成垄断。

铁路运输垄断由来已久,岁岁年年批评"铁老大"低效率的人不在少数,我在这里就不说它什么啦。但是,公路运输为什么没有形成对铁路运输的有效竞争呢?除了公路运输本身的不经济(耗散太大等)之外,问题恰恰在于当地政府的行政成本太高,公路要塞处的煤焦检查站以"雁过拔毛"的方式收取各种费用,当然,煤运公司也在其中扮演了不好的角色,因为它在某种程度上和当地政府形成了"串谋"关系进而形成了"特殊利益集团"。这样一来,通过铁路和公路的竞争来降低交易成本的机制已然不复存在,再加上道路规划上原本就存在着的运力不足问题,"煤价虚高"必然存在,而且它的表现形式必然是相互竞争的煤矿明着或暗着送给没有形成竞争的煤运公司和铁路部门"好处"。这就是所谓的"借花献佛"吧,因为最终的埋单者是位置最靠后的消费者。

要想从根本上治理所谓的煤价虚高,就必须降低交易成本,就必须打破运输上的暗合的垄断,要打破垄断必须先行降低当地的行政成本(除了长期通过有效规划提高运力以外)。只要降低了公路运输暗地里的成本,铁路运输暗地里的"租金收入"也必然会降低,这属于竞争导致的"租金耗散",这种耗散乃是降低煤价的必然伴随过程。没有运输上的竞争,只有生产上的竞争,正是煤价虚高的本质原因。

药价虚高:关系资本的约束

药价虚高的问题由来已久,最近特别是在两会期间对这个问题的关注达到了新的高度。我搜索了一下 Google,上面显示所有网站约有 263 000 项符合药价虚高的查询结果,真是所谓的"关系老百姓利益的事不是小事"。

对于药价虚高原因的探索是治理药价虚高的第一步,因为只有找到了病根才能"对症下药"。有的人认为,药价虚高只因政府定价太高;有的人认为,药价虚高是因为生产环节竞争过度,而零售环节竞争不够,结果"两头瘦中间肥"(药厂和消费者瘦,医院、药店和一些代理商肥);有的人认为,"以药养医"导致药价虚高。毫无疑问,每一个原因都有其合理的成分,但具体分析起来又不尽如此。

我认为,药价虚高的问题本质是不完全合约理论中的套牢问题或曰敲竹杠问题。患者成为整个过程中没有议价力量的弱势一方。信息不对称在这个过程中起到了主导作用,而这种不对称又主要体现在医院和患者之间。

因为医院和患者之间存在的是不完全合约,所以药价的规定不可能面面俱到,医院总可以找到政府没有规定价格的药来给患者开处方,所以政府在治理药价虚高的过程中的作用并不像人们想象的那样大,但是政府限制定价并公开药品的价格确实可以提高患者的基本保留效用,降低医院药价"作弊"的选择机会集合。我们也应该注意到,政府治理存在的弊端就是有可能逼着医院"开发"完全合约以外的价格更虚的医药,这必然会形成一个"道高一尺,魔高一丈"的恶性循环,到头来受害的还是某些或某类患者。

医药生产环节竞争过度,而零售环节竞争不够,并不能成为药价虚高的真正原因,这是由医药行业的特殊情况决定的。关系资本决定了零售环节的竞争不可能很充分,因为这本来就是一种买方垄断,谁都不能指望买方垄断具有完全竞争的性质,而关系资本则往往成为决定交易能否成功的关键性资源。这和煤价虚高的道理是很不一样的,因为两者的约束条件不一样,药价虚高面对的是关系资本约束,而煤价虚高面对的则是行政成本约束。但是,引入医疗机构之间的竞争机制还是能起到一定的作用,因为医院之间的竞争还是可以在某种程度上降低关系资本的重要性。

"以药养医"就是平时我们经常说的"靠山吃山,靠水吃水"。医院也符合激励理论里面常说的参与约束和激励相容约束,医院为了自身生存必然会想办法,医疗行业的特殊性又使得医院很容易想到办法。无疑,提高医疗服务价格可以更容易让医院符合参与约束,但并不能解决激励相容约束。只有让那些不开虚价的医院能够形成自己的声誉效应,从而吸引更多的患者前来就医,进而获得声誉租金,才能真正解决激励相容问题。实行医药分业经营固然可以切断医和药之间的串谋关系,但是我们要知道不符合激励理论的措施不可能在长时间自我实施,不能够自我实施的措施在实践中早晚会走形。

治理药价虚高需要多方面的综合作用,但在采取综合措施的过程中一定要考虑到不完全合约理论和激励理论方面的经济规律,不能仅凭主观意志行事,否则极有可能"好心做坏事"。在采取综合措施的过程中,关键是要牵住关系资本的牛鼻子。

[原文载于《经济学消息报》2005 年 4 月 15 日(NO. 640)第七版]

价格歧视："新瓶"如何装"旧酒"

价格歧视在现实生活中非常常见，也是一个非常重要的学术研究话题，相关文献可以用"浩如烟海"来形容。在标准的微观经济学教科书中，一般把价格歧视放在完全垄断那一章来讲。价格歧视可以分为三种，第一种是一级价格歧视，第二种是二级价格歧视，第三种是三级价格歧视。一级价格歧视也被称为完全价格歧视，即卖者为每一位买者及其所购买的每一单位商品制定不同的价格，因此卖者获得全部的消费者剩余，买者得不到消费者剩余。二级价格歧视是指，卖者根据不同的购买量，分批确定不同的价格。三级价格歧视是指，卖者对不同市场的不同消费者卖不同的价格，划分不同市场的主要依据包括地理差别、产品用途、时间、收入水平、性别和年龄等。

很多人都看过金庸的武侠小说，所谓"飞雪连天射白鹿，笑书神侠倚碧鸳"。其实，金庸在《鹿鼎记》中就讲到了"小桂了"韦小宝有一个进行价格歧视的"奇思妙想"。韦小宝梦想通过生擒吴三桂扬名立万，还幻想通过吴三桂发大财，书中第四十五回写道："自己若在战阵之中，决计不能让吴三桂如此一死了之，定会想个法子，将他活捉了来，关入囚笼，从湖南衡州一路游到北京，看一看收银子五钱，向他吐一口唾沫收银子一两，小孩减半，美女免费。天下百姓恨这大汉奸切骨，我韦小宝岂有不花差花差哉？"韦小宝提到的实际上是三级价格歧视。

畅销书《卧底经济学》的作者蒂姆·哈福德（Tim Harford）被誉为"当前最幽默的生活经济学大师"，他讲到了地铁站旁的星巴克咖啡。他说，肯定有人从售卖咖啡中赚到了大钱，但赚大钱的人是房东，而不是星巴克老板。我们关心的是价格歧视，不是谁赚了大钱，但我们一定要记住"羊毛出在羊身上"。星巴克采用"自首策略"让顾客暴露自己的特征，从而进行差别定价，所以它提供的产品要么数量不同（大杯或小杯），要么口味不同（生奶油或白巧克力），实际上体现出来的分别是二级和三级价格歧视。上网一搜，我们还可以搜到国内关于星巴克进行价格歧视的铺天盖地的报道。我们以 2013 年 10 月 23 日的一篇报道为例，就北京星巴克而言，咖啡豆 1.6 元＋牛奶 2 元＋一次性用品 1 元＝4.6 元，每杯 354 毫升的星巴克拿铁物料成本不足 5 元，国内售价 27 元。同样的一杯咖啡在伦敦的售价是 24.25 元、在芝加哥的售价是 19.98 元、在孟买的售价则只有 14.6 元。这种情况是典型的三级价格歧视。另外，哈福德也提到了一级价格歧视，比如二手车销售员或者房地产代理就可以进行这样的歧视。

在中国组织经济学研讨会微信群中，有几个学者曾经讨论过新形式的价格歧视，我个人觉得特别有意思。现把群里面发的截图给大家描述一下，让大家对此有一个感性认识。有一个人说："今天在携程订酒店，三台手机拿着对比价格，每晚每间 X 比 8plus 贵 40 多，8p 比 7p 贵十几块……大家有 4 啊 5 啊的千万别扔了，留着订酒店吧！"另外一个人说："我朋友用 X 买 25kg 的行李额是 120 块，我用 7p 买同一航班的 25kg 的行李额是 98 块。"这可是数字经济中的价格歧视，尽管本质上属于三级价格歧视，但是跟传统经济中的价格歧视有很大的不同。下面我们就来看一下数字经济这个"新瓶"是如何装下价格歧视这瓶"旧酒"的。

朱·弗登伯格（Drew Fudenberg）和米格尔·维拉斯-鲍厄斯（J. Miguel Villas-Boas）在一篇论文中探索了数字经济中的价格歧视。[①] 在数字经济中，卖者可以从买者那里收集信息，所以此时的价格歧视跟传统的价格歧视会有很大不同。在这篇论文发表的时候，第一作者弗登伯格是哈佛大学 Frederick E. Abbe 讲座教授，第二作者维拉斯-鲍厄斯是加利福尼亚大学伯克利分校哈斯商学院营销战略 J. Gary Shansby 讲座教授。弗登伯格现在则是麻省理工学院 Paul A. Samuelson 经济学讲座教授。他是世界级的经济学大师，是博弈论方面的顶级学者。弗登伯格的论文合作者中有很多人获得了诺贝尔经济学奖，比如约瑟夫·斯蒂格利茨（Joseph Stiglitz）、

---

① 我们以弗登伯格和维拉斯-鲍厄斯发表在《牛津数字经济手册》上的一篇论文为例。该文的具体信息如下：Fudenberg, D. and Villas-Boas, J. M., 2012. Price Discrimination in the Digital Economy, In: Peitz, M., and Waldfogel, J., (Eds.), The Oxford Handbook of the Digital Economy, Oxford University Press.

埃里克·马斯金(Eric Maskin)、彼得·戴蒙德(Peter Diamond)、让·梯若尔(Jean Tirole)和本特·霍姆斯特罗姆(Bengt Holmstrom)都是诺贝尔经济学奖得主,他后面极有可能获得诺贝尔经济学奖,我个人觉得只是时间早晚的问题。维拉斯-鲍厄斯一直都在哈斯商学院任教,他在世界顶级管理学和市场营销学期刊(比如 *Management Science*、*Marketing Science* 和 *Journal of Marketing Research*)发表了很多论文,简直可以用"灌水"来形容。

弗登伯格和维拉斯-鲍厄斯的研究套路和诺贝尔经济学奖获得者梯若尔的研究套路很像,就是掌握好先进的数学分析工具,然后用对不同的现象进行理论分析。弗登伯格曾经和梯若尔一起合作发表过15篇论文,他们的研究套路很像也就不足为奇。我曾经在《经济学家茶座》2016年第2辑(总第72辑)发表过一篇文章《经济学里的"梯若尔现象"》,介绍过梯若尔的一些经验,我觉得这些经验同样适用于弗登伯格和维拉斯-鲍厄斯。这些经验主要是以下四点:第一,要善于运用自己的比较优势;第二,要善于用"新瓶装旧酒";第三,要善于选择有效的合作方式;第四,要有比较强的执行力。以"新瓶装旧酒"为例,价格歧视本身是已经研究的比较透彻的东西,属于"旧酒",但在数字经济中就不一样了,我们就可以使用新的分析框架来分析数字经济下的老现象,用"新瓶"来装"旧酒"。很多研究话题看起来已经过时了,但是它们很有可能会在新的形势下焕发出新的生机。所以,作为学者,我们需要对新的形势保持高度警觉,因为新的形势会给我们提供使用"新瓶"的机会。

总体上来看,这篇论文分析了基于更加详细的顾客信息的价格歧视的影响。企业可以通过消费者的购买决策获得他们的相关信息,此时消费者明白他们当下采用的决策会影响他们未来的选择。所谓的信息,是指消费者的评价信息,对同样一个东西,有的人评价比较高,有的人评价比较低。获得这些评价信息对企业来说很重要,当消费者知道企业会利用这些评价信息时,他们就会有策略性的反应。对相互竞争的企业来说,相比于没有获知消费者评价信息,它们能从获知消费者评价信息中获得更多的收益,因为这有利于吸引消费者。在一些市场中,企业可以获知消费者的特征,这些特征可以直接影响服务消费者的成本。对于竞争情形而言,如果竞争对手意识到企业有消费者购买历史的信息,更多的信息实际上可能会引起更激烈的竞争。

对模型化消费者信息而言,有几种可能的方法,这些方法可是这篇论文用"新瓶"装"旧酒"的关键。就垄断的情况而言,有六种方法。第一种方法就是,企业不知道每一个消费者的评价,但是知道评价的累积分布。第二种方法就是,消费者在每一期有同样的评价,并且在前一期进入市场,企业可以识别出在前一期哪一个消费者购买了产品。一般考虑两期,假设评价前一期的需求量全部是由评价最高的那部分消费者购买的,这样我们可以知道只有评价大于或者等于某个临界值的消费者才会在前一期购买。第三种方法是第二种方法的变种,消费者的评价会随时间发生变化。在这种情况下,企业可能会对前一期购买的消费者要高价,对后一期购买的消费者要低价。第四种方法也是第二种方法的变种,就是要考虑新一代消费者进入市场的情形,这样在后一期购买的消费者中有一部分是评价高的消费者。第五种方法就是,企业可以获知从它那里购买产品的消费者的评价,对不同评价的消费者要不同的价格。第六种方法就是,企业可以获知服务消费者的成本,比如在保险市场或者信贷市场就是这种情况。就竞争的情况而言,方法会更加复杂。举一个例子,对一个企业而言,以前由于处于垄断地位不需要考虑竞争对手从它这边吸引消费者,现在由于有竞争对手则需要考虑到这种情况。

"新瓶"装"旧酒"也好,"旧瓶"装"新酒"也罢,只要善于发现新的东西,我们就可以在前进的过程中"择高处立,寻平处住,向宽处行"。法国著名雕塑家罗丹说:"生活中不是缺少美,而是缺少发现美的眼睛。"套用在本文的语境中就是,"生活中不是缺少新,而是缺少发现新的眼睛"。数字经济这个"新瓶"能够装下价格歧视这瓶"旧酒",其他许多问题又何尝不是这样呢?"酒干倘卖无""唱出来"的是"旧瓶","用白话写旧诗""写出来"的是"新瓶",经济学既需要"旧中有新",也需要"新中有旧"。清代文学家和史学家赵翼有一首诗写得特别好:"李杜诗篇万口传,至今已觉不新鲜。江山代有才人出,各领风骚数百年。"传统经济中的价格歧视就像是"李杜诗篇",已经属于"不新鲜"的"旧酒"了,但是数字经济却是一个"新瓶",而善于用"新瓶"装"旧酒"的学者就属于所谓的"江山代有才人",可以"领一时之风骚"。

[原文载于《经济学家茶座》2019 年第 1 辑(总第 83 辑)]

教育公平与效率权衡中的经济学逻辑

根据新闻媒体的报道,今年高考前,孙见坤同学参加了复旦大学为自主招生而举办的"博雅杯"人文知识大奖赛,全国各地有3 000多名考生参赛,最终只有58人"杀出重围",其中孙见坤同学递交的一篇国学论文获得了一等奖。比赛之后的两次面试也很顺利,8位教授都认为复旦可以通过自主招生录取孙见坤。也就是说,只要孙见坤同学的高考分数能上一本线,复旦大学就会录取。但是,让孙见坤没有想到的是,就是因为低于陕西一本分数线6分,陕西省招办拒绝将他的档案投到复旦大学,最终导致他与复旦大学失之交臂。此事一出,很多人围绕公民平等接受教育的公平问题和"天才"优先接受教育的效率问题展开了激烈的争论,有人支持公平,有人支持效率,"公说公有理,婆说婆有理"。此事更是引起了"打假斗士"方舟子的注意,认为"国学天才"无才无学还无德,其获奖论文涉嫌"抄袭"。在这里,笔者想以"孙见坤事件"为突破点分析一下素质教育问题,弄清楚教育公平与教育效率权衡中的经济学逻辑,为推进素质教育提供一个点线面结合的经济学视角。

《国家中长期教育改革和发展规划纲要(2010—2020年)》提到,"面对前所未有的机遇和挑战,必须清醒认识到,我国教育还不适应国家经济社会发展和人民群众接受良好教育的要求"。就高中阶段教育而言,纲要的大意就是要变"应试教育"为"素质教育"。根据经济学里的成本收益分析,我们应该看到,"应试教育"有"应试教育"的好处与坏处,"素质教育"有"素质教育"的好处与坏处。"应试教育"的好处是可以在很大程度上可以把"公平"贯彻到底,以高考成绩作为大学入学录取标准的方法在一定程度上比较客观,输赢双方都心服口服。"应试教育"的坏处是高中教师在教学时唯高考内容"马首是瞻",忽视对学生其他能力的培养,高分低能者多不胜数,在"效率"上显然逊色很多。"素质教育"的好处是培养学生多方面的能力,特别注重于让学生找到自己最感兴趣的领域和方向，为学生以后真正成材做好铺垫，可以在很大程度上把"效率"贯彻到底。在中国现行的教育体制下和中国现行的家庭观念下，"素质教育"的坏处体现在两个方面：一是由于对学生素质的评价比较主观，最终导致一些家长为了自己的孩子的成绩而"走捷径""钻空子"，这些经济学意义上的"影响活动"会使得"公平"难在；二是由于中国教育资源分配不均衡，广大农村地区师资力量薄弱，这样的师资进行"应试教育"尚能对付，进行"素质教育"可能力不从心，这会使得农村学生在素质考评上较城市学生而言"吃很大的亏"，这样的话又会产生另一个"公平"难在。当然，我们完全有理由说"素质教育"的坏处并不是由"素质教育"本身带来的，而是由体制造成的。但是在考虑现有体制的情况下，"素质教育"的"成本"就不能轻易忽视掉。

经济学里关于教育的作用有两种主流观点。一种主流观点是诺贝尔经济学奖得主西奥多·舒尔茨提出来的，他认为教育的作用在于提升人力资本，花在教育上的成本是有回报的，受教育者将来可以找到更好的工作。另一种主流观点是诺贝尔经济学奖得主迈克尔·斯彭斯提出来的，他认为教育的作用在于发送信号，花在教育上的成本是没有任何回报的，受教育者只是为了证明自己而不得不花费一个无谓的成本。很显然，高中生的"应试教育"在很大程度上只是向高校发送一个斯彭斯意义上的信号，而高中生的"素质教育"在很大程度上则是进行舒尔茨意义上的人力资本投资。问题的关键在于，给定高考的"应试教育"选拔标准，在学生和家长的理性选择下，"应试教育"会占优于"素质教育"，这类似于博弈论中的"囚徒困境"，别人在"应试"上花大力气，你也必须在"应试"上花大力气，公平虽然得到了但效率却损失了。同样的道理，给定高考的"素质教育"选拔标准，在学生和家长的理性选择下，"素质教育"会占优于"应试教育"，一定程度的效率虽然得到了，但一定程度的公平却会因为"影响活动"而失去了。

很多学者认为，我们培养的高中生和本科生在学习和知识的掌握上并不比美国培养的高中生和本科生差，甚至可以说要强一些。但是，一旦进入硕士和博士研究生阶段，我们培养的高中生和本科生就在知识创新方面显示出了很大的劣势和缺陷，这在很大程度上是由我们的"填鸭式"的"应试教育"忽视了对学生全方面能力培养造成的恶果。我们的很多高中生是"解问题"高手,但不是"问问题"高手,"解问题"是一种学习能力,"问问题"是一种研究能力,而我们的学生缺乏的正是潜在的研究能力,而这种潜在的研究能力在长期的"解问题"的过程中被消磨掉了。所以,为了提高我们的教育效率,"素质教育"势在必行。问题的关键在于如何在教育效率和教育公平之间找到一个合适的权衡。只有在教育公平和教育效率之间做好权衡,我们的教育才能够取得更大的阶段性成就。不管是"应试教育",还是"素质教育",最终都需要为高校选拔符合标准的高中生。所以,选拔标准的制定很重要,可以说选拔标准就是"指挥棒",它会像市场里的价格一样发挥自己"看不见"的作用。选拔标准的制定必须跟中国教育改革联系起来。中国的教育改革必然是一个渐进的过程,这其中的道理跟中国从计划经济向市场经济转型的渐进式改革的逻辑类似,一方面要维持既有的体制正常运转,另一方面又要对体制进行跟"素质教育"适应的配套改革。

杜甫有诗云,"射人先射马,擒贼先擒王"。在我们这里,"马"就是选拔标准。我认为,在高中课程改革和增加选修课的基础上,对条件比较好的高中学生的评价以学业水平考试和综合素质评价的综合权重为主,但对条件比较差的高中的学生的评价以学业水平考试为主,这样可以在提高效率的基础上兼顾公平。在高考试卷的设计中,除了必修的、通考的科目以外,再加一个或两个甚至三个更宽范围的可以反映学生兴趣的科目(在计算分数时以权重折算),这些选修的科目最好能跟高校里的专业课程对应起来,增强高中课程设置与高校课程设置的联系与互动,这样做可以提高教育效率。另外,高校自主招生的比例可以在现有基础上进一步扩大,只有这样才能从根本上为"素质教育"奠定制度性基础,但是为了防止自主招生时某些家长进行"影响活动",需要保证最起码的满足国家和高校相应规定程序的公平。也就是说,我们要实现的是公平约束下的效率。从这一点来看,我极力赞成陕西省招办的做法。

[原文载于《经济学消息报》2010年9月24日(NO.924)第五版]

世博会经济学分析

2002年12月3日,中国上海取得了2010年世界博览会举办权,各大媒体,特别是经济类媒体对此进行了深入的报道。有人把世博会称为经济领域的奥林匹克盛会,意思是和体育领域的奥运会有着同样深远的意义。事实上,国务委员吴仪也正是把上海的世博会和北京的奥运会当成21世纪初中国经济发展的两个巨大"引擎"的。

显而易见,世博会的经济影响是非常重要的。从原始意义上的庙会与集市到更复杂意义上的商品交换与博览,再到现代意义上的新技术和新理念的碰撞与交流,处于顶层的世博会已然成为各国全面展现自己的社会、经济、文化诸领域的成就和发展前景的最好机会。

那么,这种机制到底是如何演进的呢?这种演进对中国的经济发展具有什么现实意义呢?我们又应该从世博会的演进中学到哪些东西呢?

很明显,世博会的演进属于一种诱致性制度变迁,属于哈耶克意义上的"自发秩序"。斯坦福大学青木昌彦教授的制度变迁机制告诉我们,诱发性环境变化可以在以下情况时发生:

新技术创新发生了,使得新的行动成为可能,也就是说,"策略集"未被启用的维度可以被启用了。

以前封闭的经济交换域(我们在这里所说的"域"是指参与人的行动集合的总和)开始与外界扩展的市场交换域接触。

外部冲击或其他影响可以使人们普遍意识到本国在生产率和创新方面与外国竞争者存在着的差距,从而迫使参与人感觉有必要提高生产率或者其他绩效指标。

在具有强大制度互补性的邻近域(包括国际域)出现了制度变迁。

后果函数(即参与人决策的每个行动组合所对应的物质结果)的政策参数发生了

很大变化。

根据以上的原理，我们可以看到，世博会本身正是技术进步和经济扩展的结果，而且它还提供了一个应对外部冲击的平台来促进技术进步和经济扩展。

还有就是，世博会和东道国的经济发展具有互补性，从而产生了"嵌入"效应并改变了后果函数。也就是说，世博会可以通过促进主办城市乃至东道国的经济发展来促进自身的发展，用经济学术语来表达就是，世博会的策略组合一旦确立就将是自我实施和可维持的。

上海申博的宣传口号是："中国如有一份幸运，世界将添一片异彩。"这句话本身就是对我们以上分析的一个诠释和明证。事实上，也有不少学者对世博会将对上海产生的经济效应(包括拉动效应、集聚效应和延续效应)进行了分析，但他们的分析明显忽视了上海经济与世界经济的联动效应，而这种包含联动效应在内的经济效应正是博览会演进的动力。

改革开放以来，中国的经济获得了持续、健康和稳定的发展，并且相对而言，上海保持了更为快速的经济增长，这一切都使得上海具备了成功申请举办世博会的条件。

根据上面的分析，我们可以认为，是中国经济的发展和上海经济的实力促成了这次申博的成功，而博览会选择上海又将会促进世博会自身发展的更大成功。正如朱镕基总理所说，上海申博成功，将使博览会更具普遍性，并且更能发挥联系世界各国的纽带作用。

我们透过世博会看到的远不止于通常意义上的经济效应，这只是"小巫"，我们更应该注意的是"大巫"——世博会的演进机制。对处于转型时期的中国而言，政府在基于诱致性制度变迁实行强制性制度变迁时，应该防止"拔苗助长"，注重实际的博弈路径的自我维持性，只有这样才能"一劳永逸"。

我们认为，开放的中国迎来了向中国开放的世博会，也必将在开放中习得改革中更深层次的"摸着石头过河"的经验。

[原文载于《国际金融报》2002年12月10日第四版(专栏)]

乞丐的存在渊源

小时候看武侠剧《射雕英雄传》，对那丐帮帮主洪七公可以说是印象颇为深刻，虽然他武功高强、和蔼可亲，但是好吃懒做，且没有任何救国救民的理想。

集中在洪七公身上的劣根性可以说是许多乞丐的一个共性。到后来又知道晋文公重耳也乞讨过，明朝开国皇帝朱元璋也乞讨过。这样看来，乞丐应该分为职业性的乞丐和临时性的乞丐。实际上乞丐由来已久，据说可以追溯到原始地会。而在中国，与乞丐有关的文学更是层出不穷，多如牛毛，可以算作一种乞丐情结吧。怎么对乞丐现象进行经济学上的分析呢？笔者认为，我们至少要回答以下几个问题：为什么有的人会做乞丐？乞丐为什么会乞到东西？乞丐为什么会结成帮派？

对一个乞丐来说，做乞丐肯定能给他带来正的效用，并且其获得的边际效用与所付出的影子价格之间的比值比做其他事情时"更大"（至少一样大）。也就是说，选不选择做乞丐是一种博弈的结果。当然这种所谓的"更大"只是一种主观上的感受。《孟子》有言："一箪食，一豆羹，得之则生，弗得则死，呼尔而与之，行道之人弗受；蹴尔而与之，乞人不屑也。"这句话说的就是这个道理呀。

实际上，乞丐本来就分为两种情况：第一种情况是被逼无奈，也就是说除此以外没有更好的选择；第二种情况是自己愿意，也就是说除此以外可能还有更好（至少在别人眼里看来）的选择。乞丐和穷是分不开的，但是你敢说世界上没有比乞丐还穷，但却没做乞丐的人吗？

对于第一种情况，大家很容易理解。对于第二种情况，大家也许觉得不可思议，所以需要我来解释一番：有的地方（比如说山东郯城的某些村落）由于传统的习惯并不把行乞作为一种见不得人的事情，而是当成一种能力的锻炼。在当地人看来，行乞有"试金石"的作用，所以这里许多人（包括年轻人）都会自愿尝试一下这个行当。我们可以把这解释为一种惯性的作用,属于贝克尔的社会相互作用理论里的一个范畴;这也可以用汪丁丁教授新近介绍的阿克劳夫的"同伙压力"进行解释,周围的人都这么做,他也就这么做了。按照信息经济学的分析,能够通过乞讨混得很好的人至少能够发出这样的信号:他(她)是个有能力的人,是一个值得嫁(娶)的人(如果未婚的话)。实际上,这和斯彭斯所说的教育文凭的信号作用异曲同工、如出一辙。我之所以在花很长的篇幅来分析自愿性乞丐,正是为了很好地说明非自愿性乞丐。实际上,非自愿性乞丐除了在选择空间上更少了一些以外,在其他方面和自愿性乞丐并没有本质上的差异。按照我们的分析,非自愿性乞丐在更多的时候属于临时性的乞丐。一旦他们选择了成为职业乞丐,我们也就可以把自愿性乞丐的分析方法套用其身了。

乞丐之所以能够乞到东西,是利用了人们的同情心或者说怜悯心。贝克尔认为,一个乞丐总是试图通过衣衫褴褛的外观以及口头上的请求,来表明他很饿并且穷困潦倒,从而吸引别人自愿地给予施舍;他希望这样做可以引起别人的内疚、怜悯或者同情,从而诱使他们把自身财富的一小部分施舍给他。

个体进行施舍的目的在于增加自身的效用,否则他将不会舍弃自身的任何财富,对此,Newcomb 是这样进行解释的:慈悲为怀的绅士可能希望世界上不存在乞丐,并且当他看到乞丐时他会感到内疚;但是这个事实并不会改变绅士乐意把钱捐给乞丐时所产生的经济效用。外国人所说的绅士也就相当于中国人所说的好人。现行的观点用更通俗的话说就是:一些个体由于遇到乞丐(前提是遇到乞丐,遇不到时就不会是这样了,因为遇不到时其总效用已达到最大化了),使得自己的处境(总效用)在施舍之前是恶化的(即总效用没有达到最大化)。用博弈论的话说就是,个体遇到乞丐并进行施舍是一个均衡解,个体遇不到乞丐并不进行施舍也是一个均衡解。当然,如果个体不是乐施好善的话,均衡解就完全不是这样了。实际情况往往是,乞丐希望遇到施舍者,而施舍者则希望避开他们,这可以算作乞丐和施舍者之间进行的策略博弈。这种说法进一步通俗化的结果是,好人只有在存在做好事的机会时才去做好事,没有机会的话,好人也不去做好事。这和数学里的条件概率极为相似。

不过,笔者认为有一种情况并不属于同情心或者说怜悯心的作用,而是属于崇拜心或者说敬仰心的作用,比如说佛家或道家弟子的化斋或化缘就属于这种情况。这种化斋或化缘本质上也属于乞讨。《西游记》里的唐僧可是一路化缘才走到西天的。施主之所以愿意对这些人进行施舍,很大程度上是由于信仰或习俗方面的隐性约束,用韦森教授的话说就是,他们认为他们的这种施舍行为属于一种"交易惠利"。当然,这种情况和上一段的分析总体上不会有太大的区别。

对单个乞丐而言,无论怎么说,他们都属于弱势群体。洪七公的打狗棒法再好,也只是因为在讨饭的时候受到狗的非难才"发明"出来的,要知道那狗无论如何是不会咬自己的主人的。乞丐在什么情况下才会结成帮派呢?很显然,只有在加入丐帮的收益比没有加入丐帮的收益大时,他才会加入帮派。我在这里所说的收益不仅仅是指实物方面的收益,而是指贝克尔意义上的社会收入(包括自身地位和周围人的认同程度等)。由于丐帮的存在,许多人也就不敢轻易得罪加入丐帮的乞丐了,就像许多国家不敢轻易得罪北约的盟国一样。丐帮的存在使得本来处于弱势地位的乞丐变得不再那么孤立无援了。很显然,丐帮的形成存在一种"1+1>2"的效应。因此,只要时机成熟的话,乞丐们就会结盟。

根据社会相互作用理论,特别是"家庭腐化"原理,每个乞丐的"收入"可以在帮主的影响下达到最大化。笔者认为,实际上加入丐帮的乞丐就相当于买了一份保险,出了问题的时候能够得到及时解决,而不至于束手无策、坐以待毙。当然了,世上没有免费的午餐,进入丐帮就要受到帮规和其他人等的制约,就像买保险要交一笔相当数额的保险费一样。实际上,我们的这种分析对黑社会团伙的形成和发展也具有很好的解释力。

[原文载于《经济学消息报》2002年9月20日(NO.507)第四版]

诸葛亮现象的思考

历史上的诸葛亮可以说是家喻户晓、妇孺皆知的人物，人们甚至把诸葛亮当成智慧的化身和象征。读《三国演义》我们知诸葛亮总有用不完的"锦囊妙计"，读《三国志》我们知道"事无巨细，咸决于亮"。诸葛亮手下为什么没有出现像他一样的大师级人物呢？是因为蜀国没有人才，还是因为制度上存在问题？我认为主要是制度上存在问题，诸葛亮的存在扼杀了一个好的人才再生机制。或者说，诸葛亮设计了一个不利于人才产生和发展的制度，虽然他自己没有意识到。

诸葛亮现象的背后隐藏着这样一个故事：新的能人在什么样的环境下才能够不断产生而不会由于前任能人的离去而"断档"，这也就是企业理论里所谓的"接班人"问题。很明显，诸葛亮在这方面存在严重的失误。当然，有人可能会说这恐怕是刘禅的责任，但就当时诸葛亮的权力来说，他应该负主要责任。

我们可以从人力资本理论的角度对诸葛亮现象进行分析。能人之所以"能"是因为他拥有足够的人力资本。按照舒尔茨的定义，人力资本体现于人的知识、能力和健康。也有学者把人力资本分为初级和高级两个层次，前者是指健康人的体力、经验、生产知识和技能，后者是指人的天赋、才能和资源被发掘出来的潜能的集中体现。

很显然，三国时代的人力资本与人的资质或曰天赋的关系极大，但是也不能够忽视后天的学习和积累。而诸葛亮似乎只看重新人的天赋，而忽视了其能力的积累，我们可以从他的一系列行为中看出来。他不管干什么都喜欢事必躬亲，这样做的结果只能是越俎代庖，很难给新人锻炼的机会，"大树底下好乘凉"，久而久之，他的手下对他形成了一种"依赖"，人力资本根本得不到有效的积累。诸葛亮斩杀马谡就是一个很好的例子，马谡没有听他的建议从而导致失败，接着就被正法了。从人力资本的角度讲，马谡可以从试错中逐步积累经验和能力，从而提高自己的军事才能。但是，诸葛亮不管那么多(他似乎只从治理国家的角度考虑问题,这一点陈寿有很好的描述),他只要胜利,似乎听了他的就不会失败,这样造成的结果是他的手下全都唯"他"命是从,连脑子都不动一下,即使有天赋也发挥不出,更不要说人力资本的积累了。当然,在这个过程中,诸葛亮的人力资本得到了充分的应用和积累,但问题的关键是如何在发挥他的才能的同时使其手下有足够的人力资本积累,否则的话蜀国就会由于诸葛亮的消失而灭亡。

对一个企业,特别是国有企业来说,也存在这样的问题,即怎样形成一套新人,特别是企业领导人的人力资本积累机制,从而使企业后继有人。很明显,锻炼机会对新人来讲是很重要的,这就要求前任能人能够给新人发挥潜能的空间。在制度设计上,设计者应该考虑如何形成一种竞争机制,在这种机制下新人的人力资本可以得到有效的积累。

和"诸葛亮现象"相对应的是中国历史上的"内卷现象"。当时的中国为什么不能够像西方国家那样内生出飞机和大炮,而只能陷入封建社会的长期停滞?这也和人力资本的积累有关。中国的科举制度和官本位思想导致中国能人的人力资本积累不是朝着有利于科学技术发展的方向,而是朝着文学发展的方向。和"诸葛亮现象"有所不同的是,中国封建社会的人力资本的积累是一种偏好严重倾斜化了的积累(有利于统治阶级),而在诸葛亮设计的制度下,人力资本积累几乎无从谈起(不利于统治阶级)。

根据哈耶克的"自发社会秩序"理论,"诸葛亮现象"和中国"内卷现象"都是由能人,特别是统治阶级的"致命的自负"造成的,因为他们在无形或有形中设计了一种不合理的制度,在这种制度下,人力资本不能够得到有效的积累。

"诸葛亮现象"也可以用诺思的"制度变迁"理论进行分析。诺思认为,制度是一系列制定出来的规则、守法程序和行为的道德伦理规范,它旨在约束主体福利或效用最大化的个人行为。在诸葛亮设计的制度下,其手下不可能有足够的动力和机会去实现人力资本的有效积累。制度和组织之间的相互作用决定了制度变迁的方向是蜀国过分依赖诸葛亮一个人的能力,从而陷入一种"锁入效应",一旦诸葛亮在没有统一三国之前去世,蜀国也就失去了可以依托的人力资本。从这种意义上来说,诸葛亮真的有些"聪明反被聪明误"了,但是我们不可能强求诸葛亮摆脱时代的局限性,因为那不符合实际情况。

我们对"诸葛亮现象"进行分析不是为了"放马后炮",也不是为了贬低诸葛亮的形象,而是为了从这个现象的背后找到隐藏的经济学故事,从而得出普遍意义上的结论:不能够使人力资本得到有效积累的制度不是好制度,不能够使能人得到再生的机制不是好机制。这就要求制度的设计者在设计过程中根据"自发秩序"的倾向结合自己的"有限理性"量力而为。实际上,按照诺思的观点,制度对经济增长起着重要甚至是决定性的作用。好的制度决定好的结果。

[原文载于《经济学消息报》2002年6月28日(NO.495)第一版]

二、
企业和企业家的经济学逻辑

民企扩张弊病探源

富豪落马的题材，从来都是吸引眼球的焦点话题，透过近些年来发生的案件，其共通之处已经远远超越简单的诚信、腐败层面。不可否认，许多民营企业家利用了中国经济转型时期的一些体制上的漏洞，但是这种客观上的套利机会的存在只是扩大了民营企业家的策略选择集合。笔者认为，隐藏在这种案件背后的深层次的矛盾是，家族企业的家族治理模式不能适应企业扩张的自身要求，与此同时，经理市场和资本市场的不完善又不能容许家族企业建立现代企业制度。总而言之，正是由于没有合法的低成本的替代机制才会使得民营企业家"铤而走险"。

所有的冒险都需要有一个基于成本-收益的考虑，经过"大浪淘沙"的民营企业家也不会例外，按照经济学上的说法，他们实际上已经经历了阿尔钦意义上的"生存检验"，只要市场的规则（选择机制）能够发挥一定的作用（不完全是逆向淘汰）的话，生存下来的民营企业家都是能够传递能力信号的。问题出在，他们想把自己的企业"做大"，并且在"做大"的过程中采取了欺诈性的手段，纸是包不住火的，正所谓"要想人不知，除非己莫为"。但是，无论如何，"做大"企业的想法是没有错的，这正是企业家精神之所在，"海阔凭鱼跃，天高任鸟飞"，错就错在他们没有采取正当的手段。

笔者认为，中国的民营企业家必定要比西方发达市场经济的企业家面临更大的挑战，这个挑战倒不是他们的能力有限，笔者从来不相信某些著名经济学家所鼓吹的中国民营企业家有太多的天生的缺陷或者说中国的民营企业家太过幼稚。民营企业家的真正悲哀在于，他们想在不打破家族企业的家族治理模式的前提下达到自己想要的企业扩张的理想状态，这无异于"饮鸩止渴"，孙悟空的本领再大也逃不出如来佛的手掌心。

民营企业家必须面对的真正挑战在于企业的组织制度的创新，也就是说，他们必须想方设法使家族企业的家族治理模式向现代企业制度转型。但是，这种转型只能是一种渐进的演化过程，结果可能与他们的预期不符，从而没有花费必要的成本在组织制度上寻求创新。当然，不可否认的是，这种创新必须依赖于外部市场环境，而这并不是他们所能控制的。

市场经济的外部环境决定了家族企业的现代企业制度能否真正地建立。建立现代企业制度的本质在于所有权和控制权的分离，竞争性的市场，特别是经理市场和资本市场可以保证用较小的成本获得劳动分工的优势。如果没有这种低成本的保证的话，家族企业的治理结构就会"锁定"在家族治理模式上，否则只会导致成本大于收益。这才是许多民营企业家不敢进行两权分离的重要原因。

如果说市场的发育和完善是一个演化过程的话，那么现代企业制度的建立也必然是一个演化的过程。任何民营企业的盲目扩张都是不符合这个演化规律的客观要求的，在扩张达到一定的边界后必然会带来难以克服的弊端，有时甚至是灭顶之灾，这是违背客观规律而受到的惩罚。

新制度经济学认为，企业不断扩张，直到在企业内部组织一笔额外交易的成本，等于在公开市场上通过交易完成同一笔交易的成本为止，也就是说，当一种成本的节约与另一种成本的上升在边际上相等时，这种替代就将停止。从某种程度上说，这决定了企业的规模。

但问题是，在不能建立现代企业制度的约束条件下，一些胆大的民营企业家通过欺诈手段来扩张自己的企业至本来不能达到的规模，原因仅仅是，他们在官商勾结等违法行为方面有低成本的可以替代的比较优势。换句话说，他们没有在寻求企业制度的演化创新方面制造比较优势，而是采取了非法的手段。

因此，我们亟须完善市场（包括经理市场和资本市场）的作用机制，同时，我们亟须加强政治体制的制度建设，双管齐下，为民营企业的现代企业制度的演化和建立创造一个可以不断降低交易成本的有利的制度环境。

［原文载于《国际金融报》2003年6月10日第三版（专栏）］

企业扩展的边界

最近的财经媒体对德隆危机的分析和报道有很多,不同的分析人士从不同的角度阐述了自己的观点。笔者认为,德隆悲剧的根源在于没有分清企业扩展的边界,自己把自己活活撑死了。在中国渐进式改革的进程中,为弄清企业的边界而付出试错成本是不可避免的,但是在尊重经济规律的基础上大大降低试错成本还是有可能的。如果说德隆模式有什么社会意义和社会价值的话,那也就是告诉我们企业在扩展的过程中一定要注意自身的边界。

中国的企业不同于发达市场经济国家的企业,其中最大的不同就在于制度环境,大的约束条件和小的约束条件都是不一样的,这就决定了企业的治理机制也会有所不同,因为现实需要把属性各不相同的交易与成本和效能各不相同的治理结构"匹配"起来。中国的国有企业在努力缩小自己的边界,把不该自己承担的责任转嫁出去;中国的民营企业在努力扩大自己的边界,把自己能够控制的范围扩张开来。企业就是要把外部性内部化,但是这个内部化是有边界的,不是所有的外部性都能内部化的。区分这个动态意义上的边界是有难度的,需要高度的企业家学习能力,为此付出适当的试错成本是可以理解的。计划经济把国家当成一个大的企业,结果搞错了边界,付出了很大的试错成本,同时产生了很大的交易成本;市场经济把政府、市场、企业以及中间组织看成了分立结构(功能上互补边际上替代的组织),结果演进了边界,付出了很小的试错成本,同时产生了很小的交易成本。企业是市场经济的主体,市场是企业经济的通道,就好比一个骑自行车的人,如果走在了错误的边界上,就有可能是自行车骑人,结果可想而知。

中国的许多民营企业根本就没有吸取中国的国有企业改革的教训,一味贪大图强、盲目扩张,结果踩在了边界的"地雷"上,"伤筋动骨"是小事,"一命归西"是大事,要知道，社会成本给利益相关者带来的福利损失不是破产就能弥补得了的。只要不尊重市场经济的客观规律，只要不尊重企业理论的普遍原理，中国企业在"求大求强"的过程中"拿青春赌明天"的事情就会时有发生，"长江后浪推前浪，前浪死在沙滩上，后浪继续往前上，还是死在沙滩上"，只能像"力拔山兮时不利兮"的项羽那样悲壮。企业的扩展不是以人的意志为转移的，不是人想怎么样就怎么样的，企业家主观能动性的发挥只能建立在尊重客观规律和普遍原理的基础之上，建立在尊重中国特色的约束条件的基础之上。山东联大集团的扩大业务范围以及深圳三九企业集团的产业转移中出现的问题，在很大程度上正和没有注意企业的边界有关。

诺贝尔经济学奖得主罗纳德·科斯认为，企业是对市场的替代，这种替代之所以能够发生乃是因为企业组织交易的成本小于市场组织交易的成本，企业的扩展必须达到这一点，即在企业内部组织一笔额外交易的成本等于在公开市场上完成这笔交易所需的成本，或者等于由另一个企业家来组织这笔交易的成本。市场能够低成本完成的交易是不需要企业来完成的，小企业能够低成本完成的交易是不需要大企业来完成的，大企业能够低成本完成的交易是不需要政府来完成的。可是就是有一些经济学者忽视了这样的简单道理，他们看到温州小企业多、小企业强就预言温州离出现大企业不远了，他们看到小企业因为竞争而导致利润降低，就主张小企业进行联合（横向一体化），这些都是完全违背经济规律和企业理论的事情；如果这样的学者充当了企业的顾问或董事，如果这样的学者给企业出谋划策，那么企业的自生能力和组织能力就有可能不升反降。

中国目前的约束条件决定了中国的民营企业很难做得"大而强"，即使企业家能力能够符合把企业做得"大而强"的要求，约束条件也会抵消他的这种能力。民营企业家必须面对的真正挑战在于企业组织制度的创新，也就是说，他们必须想方设法使家族企业的既有治理模式向现代企业制度转型。只有建立了相应的层级制，才能控制住企业内部的交易，才能扩大企业的有效半径，才能扩展企业的有效边界，才能制衡企业的资金违规挪用。企业家的人力资本必须借助于企业的组织资本才能释放更大的能量，否则，英雄的用武之地只能局限在原来的"一亩三分地"的范围内。但需要我们注意的是，企业组织制度的转型只能是一种渐进的演化过程，因为大的制度环境不是单个企业家所能决定的,结果是企业当前形势可能与企业家的预期不符,使得企业家没有花费必要的成本在组织制度上寻求创新,而是在资本运作和社交处理上煞费苦心,最终还是难逃违规造作的陷阱,原因仅仅在于缺乏合法的低成本的替代机制。从这个角度看,与上海农凯集团公司有关的周正毅事件并不会很快从中国经济的记忆轨迹上消失。民营企业和地方政府的关系已经不是简单的分立结构的关系,有些民营企业具有很强的"国有企业病"倾向,政府与民企之间的关系型隐性契约已然软化了企业的约束,政府体制改革的滞后也是影响企业扩展边界的一个重要因素。这次经济过热中暴露的问题其实是一个地方政府对企业边界的过度作用的问题,江苏铁本钢铁有限公司成为一个"聚点均衡"也就不足为怪了。

企业家能力和企业组织形式决定了企业的内部边界,而制度环境等外部条件则决定了企业的外部边界。内部边界是一种主观意义上的边界,而外部边界则是一种客观意义上的边界,这两种边界符合"短边原理",范围比较小的边界将是实际上起作用的边界,也就是真正意义上的边界。我们要想中国的企业做大做强,我们要想中国的企业既有规模优势又有竞争优势,就必须在扩大企业的内部边界和外部边界上做文章,不能只根据表面现象"头疼医头、脚疼医脚"。要扩大中国企业的边界就必须本着分立结构的精神实质小事,深化政府体制改革,深化银行体制改革,深化市场体制改革,并且在改革的过程中要注意整体上的相互配合彼此配套,使得整个经济系统的效率慢慢收敛在更高的均衡点上。只有改革才能降低交易成本,降低了交易成本才能降低试错成本,降低了试错成本才能提高投资效率,提高了投资效率才能使中国经济步入良性循环,中国经济步入了良性循环才能防止经济再次过热。总而言之,制度建设是关键,中国企业特别是民营企业最需要的是一个良好的制度平台。

[原文载于《经济观察报》2004 年 7 月 26 日第四十版(专栏版)]

给民企"费厄泼赖"的舞台

2月24日公布的《国务院关于鼓励支持和引导个体私营等非公有制经济发展的若干意见》是对我国当前日益复杂的社会经济形势的有力回应。《若干意见》明确提出,允许非公有资本进入法律法规未禁入的行业和领域;允许外资进入的行业和领域,也允许国内非公有资本进入,并放宽股权比例限制等方面的条件;在投资核准、融资服务、财税政策、土地使用、对外贸易和经济技术合作等方面,对非公有制企业与其他所有制企业一视同仁。

摆在我国经济面前的长期任务就是实现经济社会体制顺利转轨,摆在我国经济面前的当前任务就是加强宏观调控。而这两项都和非公经济的健康发展密切相关。我国的改革最初的时候就是想要发挥非公经济的增量作用,让体制外的力量带动体制内的转型。当这种带动作用受到既得利益集团阻碍的时候,我国又采用了加入WTO的策略,想让境外的力量带动境内的体制转型。无疑,这些高瞻远瞩的战略从长远来看会发挥重要的一阶作用。但是,我们的改革最终必须依靠我们自身的内生力量,而这些内生力量的载体必然是我们土生土长的国有经济和民营经济,特别是民营经济。我们的命运必须靠我们自己来把握,因为只有我们才掌握我们自己的发散信息,因为只有我们才了解我们自己的比较优势。而这些能不能顺利使用都依赖于能不能贯彻平等准入、公平待遇原则。

国有经济、民营经济以及外资的"三国演义"需要的是一个"公平竞争"的环境和舞台,当年鲁迅高喊的"fair play"(费厄泼赖)不是应该缓行,而是应该实行啦。一些国有企业靠"行政垄断"把持自己的"垄断利润",一些外资企业靠"制度供给"把持自己的"制度租金",这样就把改革的重要内生力量民营经济放在了一个尴尬的境地,只能在夹缝中求得生存和发展,结果使得"关系资本"在民营经济的成长壮大中起到了举足轻重的作用。长期这样下去的话，我们损失不仅仅是"可以计量的金子"，更是"点石成金的手"——一个可以良性循环的体制，一个可以自我扩展的秩序。

　　当我们意识到内需不足的时候，当我们意识到经济过热的时候，我们可曾意识到这些都是因为制度的失灵，而失灵的背后往往意味着在位的提出者(proposer)发出了不真实的价格信号，从而使回应者(responder)(特别是居民和民营企业)做出了错误的判断。市场准入的放宽不是正好可以减少不真实的价格信号的发送吗？而这不正是减少了经济发展中的试错成本吗？市场准入放宽意味着可以让竞争发挥更大的作用。我们知道，竞争可以提高效率，因为竞争可以降低交易成本，可以降低生产成本，还可以降低试错成本，关键中的关键是，竞争可以让我们的发散信息和比较优势一展身手，俗话说得好："是骡子是马牵出来遛遛。"

（原文载于《每日经济新闻》2005 年 2 月 28 日第四版）

民企需要制度平台

关于民营企业成长的讨论越来越多,但大都是围绕着民营企业家,乃至围绕管理进行的。民营企业在经济转型过程中的作用是不可低估的,实际上,民营企业成长的过程和经济转型的过程如影随形。中国的市场化进程离不开市场规则的型构和演化,而市场规则的型构和演化又离不开民营企业之间的博弈。中国的渐进式改革的成功(特别是规则上的成功)最终要靠政府和民营企业,总体上来讲是一个社会博弈过程,政府要形成自身的规则,民营企业要形成自身的规则,并且这两种规则要相互作用共同演进。

中国的民营企业取得了很大的发展,总体上来讲最具活力、成长最快的企业大都来自民营企业,这是因为民营企业是"创造性破坏"的主体,为数众多,良莠不齐,大浪淘沙。正是这个原因,在博弈的过程中就有可能形成坏的规则,而这些坏的规则就可能形成"坏的市场经济",这就不能不引起人们的注意,特别是要考虑到由于"策略互补性"的存在而可能导致整个过程朝着坏的方向收敛。也就是说,我们不能忽视由于社会博弈而陷入困境的可能性,社会博弈并不是"万能"的。

因为民营企业家在经济转型中发挥着不可替代的作用,而民营企业家的载体则是民营企业,所以民营企业的潜在功能是不可忽视的,实际上,民营企业大部分都是中小企业,笔者在以前的专栏文章中曾经提出了中小企业的五大潜在功能,其中最为重要的一条就是中小企业特别是民营中小企业是市场力量演化的催化剂。

按照国外转型经济学的分析,整个过程可以这样来理解:在转型刚开始时,计划的短缺经济导致了没有使需求得以满足的市场空隙,这就为企业家提供了可资利用的机会,虽然没有支持市场的制度(Market-supporting Institutions),但是体制外的循环为民营企业家提供了一种替代性的自助机制(Self-help Mechanisms),这一机制建立在不断进行的关系(Ongoing Relationships)的基础上,也就是相当于建立在我们平时所说的"重复博弈"的基础上。这种关系型合约在民营企业的成长中发挥了重要的作用,因为它可以非常有效地降低交易成本。很明显,这种分析和民营企业的现实是非常吻合的。

但是所谓的自助机制并不是一种正式的制度,不能用以支持非常复杂的交易,因为这种隐性的合约往往必须靠自我实施,一旦情况有变,自我实施就可能难以为继,所以需要正式制度的支持,虽然由正式制度支持的第三方实施在很大程度上也必须依靠自我实施。笔者在以前的专栏文章中曾经对民营企业扩张的弊病进行分析,指出其中最为重要的原因就是缺乏低成本的可以对"不合理机制"进行有效替代的机制,说到底就是缺乏良好的正式制度的支持。关系型合约的作用毕竟是有限的,等它的经济能量释放出来以后,如果没有新的机制取而代之,那么就会产生重重问题,比如说,民营企业不能通过正常途径"做大"和"做强",从而面临成长障碍。

民营企业不能冲破原来的"套子"(自助机制),就不能进一步顺利扩张;而冲破原来的"套子"(自助机制),又有赖于正式制度的建立,这看起来似乎是一个"两难"。其实,新制度经济学特别是阿维纳·格雷夫的历史比较制度分析(HCIA)表明,不能完成从人格化交易向非人格化交易的蜕变,市场就不可能扩展,这样的组织早晚会被淘汰。史晋川教授对"温州模式"的分析也表明,现阶段的温州民营企业没有离开人格化交易方式的作用,并且很有可能陷进了"锁入效应",结果自然是,现有的温州模式将被更符合现代市场经济规律的方式取代。民营企业能否顺利成长从另一个侧面(市场规则)决定了中国经济能否顺利转轨。

如果说初始阶段政府的作用就是为民营企业提供一个非正式制度的平台的话,那么现阶段的政府的作用就是要提供一个正式制度的平台。这是中国民营企业成长的必然要求,也是中国的渐进式改革能够取得成功的必然要求。

(原文载于《国际金融报》2004年2月6日第二版)

上市民企的另类资本困境

有学者已经注意到了这样一种现象,即一些突破融资困境的民营企业,特别是那些上市的民企并没有因为有资本市场的助力继续在实业发展的征途上"乘风破浪",反而"束手束脚"畏缩不前,倒是在地产金融等领域不惜重金出手大方。一边是众多民营企业融资难,抱怨"资本瓶颈"导致企业不能做大做强,另一边则是上市的民营企业并不能借助资本实力有效扩张乃至因资金太多陷入困境。原因何在?

表面上看来,上市民企的绩效不能"更上一层楼"的原因在于有了资本后偏离了原来预先设置的轨道,没有按既定目标运作。其实这个理由是不成立的。如果这些企业新的投资能够获得超过预期的利润,那管理者为什么不努力去实现这个利润呢?问题的根本在于这些企业的机会成本已经发生了变化,也就是说,这些企业的"参与约束"已经发生了根本性的变化。用更直白的话说就是,其社会机会集合已经远远超出了以前。

按照产权经济学的分析,社会机会集合的减小会降低资源配置效率,而社会机会集合的扩大会提高资源配置效率。但问题出在,当企业的选择余地变大了以后,上市民企就不是想着老老实实在自己那"一亩三分地"上尽全力"精耕细作",而是想着如何获取更多的利润,所以这些企业的资金不是进入了相应的实体经济领域,而是进入了或者等待进入虚拟经济领域。这和罗纳德·麦金农的分析相一致,发展中国家的资本并不是同质的,资本有着不同的收益率。换句话说,资本市场具有分割性,这种分割性决定了发展中国家的资本市场并不能像发达经济中的资本市场那样推动物质资产与金融资产的收益趋于均等,从而大大提高所谓的平均收益。

从中国的现实看,虚拟经济领域的一些"玩家"已经为牟取暴利做出了"好榜样"。中国的实体经济和虚拟经济的关系不是很协调,甚至达到了"头重脚轻"的程度。这种不协调的一个非常可怕的结果,就是民营企业从资本市场筹集到的资金不能进行有效的替代性运营,从而导致低效率的结果。换句话说,物质资产和金融资产的边际调整根本不能通过市场功能得以实现。只要两个领域中不同的利润预期长期存在,就必然会导致中国的资本效率低下,因为二者之间至少存在一种动态效率损失,这是市场分割的结果。对于上市民企的管理者来说,虚拟经济领域相对而言更具诱惑力。

问题分析到这里还不能打住,如果更具有诱惑力的领域也具有更高的风险的话,并且这种风险能够被资本的管理者承担的话,那么事情也还不至于到这般境地。这个时候我们就可以清楚地看到中国股市的弊端了,国企上市"圈钱"的毛病已经传染给了民企。钱不是自己的当然花起来不会心疼,但是中小投资者的利益就难以得到应有的保护了,赚了是自己的,赔了是别人的,至少在很大程度上是这样的。这是由"责任软约束"导致的"风险软约束",和转型经济学中所说的"预算软约束"毫无二致。拿着名义上属于"自己"的钱去试错,成本却不由自己承担,这只能算是一种变相的政府行为。

中国企业的问题永远是两个方面的问题:一个是所谓的制度环境问题,另一个就是所谓的治理结构问题。而上市民企的另类资本困局的产生也往往是围绕这两个方面的问题展开的。我们知道,金融体系存在的基本理由,就是根据人们对承担风险的"偏好"来确定风险承受的分配。可是这种由于风险承担分配不公平而导致的扭曲只会降低整个经济系统的效率,就像现实生活中的分配过分不公也会降低效率一样。经济转型的过程就是与风险承担有关的激励机制转型的过程。

上市民企治理结构的问题也不能忽视,因为这会导致民营企业有劲没地方使,不能够"借组织发力",很快就达到了效率的边界,企业扩张的损失超过其收益,企业在原有的实业基础上自然就停止扩张。

总而言之,上市民企的另类资本困局无非体现在两个方面:一是由制度环境造成的两大领域的预期利润不一致;二是上市民企的治理结构不够完善,结果自然导致上市民企敢于向完全不同的领域进军,哪怕在完全不同的领域面临困境。

(原文载于《证券时报·财经周刊》2003年8月24日第七版)

国企"企业家"五大弊端

中国现行的"行政委任制"所选拔出来的国有企业的"企业家"是通过政府融资制度进行的,这种企业家与通过市场融资制度筛选出来的企业家相比存在着明显的缺陷。国有企业"企业家"的弊端主要表现在以下五个方面。

第一,国有企业"企业家"的人力资本不能够得到有效的积累。这主要是由以下两个原因造成的:首先,行政官员和国有企业"企业家"之间存在角色互换,这很容易使得国有企业"企业家"的人力资本积累发生中断;其次,国有企业"企业家"缺乏激励去对企业家人力资本进行投资,因为这种投资并不能得到相应的回报,理论界的研究表明,国有企业"企业家"往往首先考虑企业控制权争夺。

第二,国有企业"企业家"的道德风险被人为地加大了。根据委托-代理理论,在信息不对称的情况下,代理人总是存在一定程度的道德风险。由于政策性负担的存在,国有企业"企业家"的业绩不能够被正确地评估,这就使得国有企业"企业家"的道德风险部分地由可控向不可控转变,也就是说,其道德风险被人为地加大了。在这种情况下,很容易发生国有企业"企业家"的腐败。

第三,国有企业"企业家"的甄别机制存在问题。首先,在企业家能力的识别上并没有一个统一的市场化的标准,而是取决于上级领导的偏好,这往往会产生"人不能尽其才"。其次,国有企业"企业家"往往和一定的行政级别相对应,即使是有能力的人也往往因为达不到一定的行政级别而得不到重用,也就是说,"才不能尽其用"。

第四,国有企业"企业家"的约束机制存在问题。政府融资制度不能形成一种有效的约束,这也就是人们经常说的"真正所有者缺位"问题,这往往会导致国有企业"企业家"形成内部人控制而权力过大,并且由此使得国有企业监督机构形同虚设。最近的研究表明,经营者权力过大是造成国有资产流失的一个重要原因。

第五，国有企业"企业家"的激励机制存在问题。前一段时间媒体上热炒的美国企业制度的问题在很大程度上是因为对高管激励过头，与其相反，中国国有企业存在的问题往往是激励不足。在这种情况下，国有企业"企业家"有可能不会一心想着如何提高企业效率，这也是国有企业"企业家"可以靠行政力量把企业"做大"却不能依靠市场力量把企业"做强"的一个重要原因。

[原文载于《国际金融报》2002年10月29日第四版(专栏)]

"企业家"经济学分析

日前,在"博鳌21世纪经济论坛"上,新希望集团董事长刘永好、复星集团董事长郭广昌等当选"十大民营企业家"。企业家尤其是民营企业家再次成为一个讨论的热点。实际上,在此之前的所谓"富人问题"一直都是媒体讨论的一个热点,正面的或反面的报道都不断见诸报端。那么,经济学上是怎么看待企业家的呢?企业家为什么会产生这样抑或那样的问题呢?这种经济学分析会对我们的现实生活产生什么有意义的启示呢?

熊彼特认为企业家能够执行新的组合,也就是说,企业家具有创新精神。奈特认为企业家在不确定条件下决定干什么以及如何去干。柯斯纳视企业家为经纪人,他们不但能够感觉到机会而且能够捕捉住机会并创造利润。卡森认为企业家是擅长对稀缺资源进行协调并做出明智判断的人。

有中国经济学者认为企业家必须具备的基本能力包括发现产品或服务市场的能力、熟悉和利用生产要素市场的能力、树立个人信誉和说服他人提供融资信用的能力以及鉴别不同风险和高风险压力下正常工作的能力,企业家的职能就是创立企业。总而言之,笔者认为,企业家就是在既定的约束条件下善于发现"套利"机会并能够冒某种程度的风险去实现这个机会的人。

因为企业家是要冒险的,所以要么成功要么失败,这就需要社会提供一种威廉姆森意义上的"宽容机制"。企业家在实践过程中要与市场打交道,而市场被认为是对特殊情况缺乏了解、使用较短的时域,并且相对严厉,也就是说,市场是不宽容的。社会对企业家的宽容,才会使得成功的企业家(相对意义上的富人)通过"声望机制"对社会进行回报,用通俗的话说就是,大众(相对意义上的穷人)提供宽容和声望,企业家(相对意义上的富人)获得宽容和声望并提供社会福利,借此达到穷人的无形财富的"兑现"并防止贫富悬殊,这样社会才能进入良性循环。

中国的实际情况是许多成功的企业家想方设法"逃税",并且对社会漠不关心,这在某种程度上说明了中国社会的"宽容机制"和"声望机制"的发育不良,当然这种发育不良也和转型时期的腐败现象有不可忽视的关系。市场体制的建立是一个复杂的过程,所以转型的中国尤其要注意相关的配套社会机制的完善,既要做到市场的"形似"也要做到市场的"神似"。以上的分析表明,中国的"仇富"心理和"恨穷"心理都必须基于市场机制进行转变,而"移风易俗"决不是一件容易的事情,这或许就是激进改革派经济学家一直声称制度模仿比技术模仿要困难得多的一个重要原因。

手头上正好有近期 *Scand. J. of Economics* 上的一篇名为《社会地位、财富分配与增长》的文章,作者 Corneo 和 Jeanne 的模型表明,社会地位的提升和财富分配的公平是有利于经济增长的。这也从经济学的角度说明了建立和完善社会对企业家的"宽容机制"和"声望机制"对经济增长的重要性。笔者呼吁,像自然科学设立国家最高奖一样,政府也应该考虑为企业家设立国家最高奖,当然,奖金可以设立得极低,关键在于体现十六大报告中所强调的"尊重劳动、尊重知识、尊重人才、尊重创造"的精神。

[原文载于《国际金融报》2003 年 1 月 16 日第四版(专栏)]

呼唤民营企业家保护机制

全国工商联副主席、山西海鑫钢铁集团董事长李海仓被枪杀事件在媒体上引起了轩然大波,关于民营企业家在发展经济的过程中如何更好地保护自己的讨论也就成为一个不可避免的话题。无论如何,民营企业家的人力资本都是现阶段最稀缺的资源,事实上,熊彼特意义上的创新是与这类民营企业家的活动分不开的。

民营企业家的创业过程是非常艰难的,这主要与市场的短时域的"非宽容机制"有关。这就要求民营企业家必须寻找出一种低成本的替代市场"非宽容机制"的有效途径,也就是说,成功的民营企业家必须拥有足够的关系资本,这既是民营企业家人力资本的一种体现,也是民营企业家借此获得企业家能力"垄断租金"的一个重要保证。事实上,这与中国的文化背景有很大的关系。当然,这种替代机制与中国正处于转型时期密切相关,因为这个时期许多市场传导机制不够通畅。按照新制度经济学的分析,这实际上是企业家通过非正式的合约安排替代正式的合约安排,交易费用由此得以降低。

在包括创业融资机制在内的许多机制不健全的情况下,民营企业家能力在很大程度上只能借助于关系资本(可以理解为社会资本的一种表现形式)来实现,也就是说,企业家必须具备建立个人信誉和说服他人提供融资信用的能力。实际上,这个能力是民营企业家把企业"做大"的一个不可或缺的能力。这就在无形之中要求民营企业家的交际范围必须足够宽泛,并且交际关系必须足够深入,因为只有这样才能够具备足够的"软信息"并借此降低不必要的交易成本。

中国经济学家樊纲就曾多次放言,鸡鸣狗盗之徒也可以成为企业家。当然,这在机会均等和市场健全的情况下是很容易实现的,因为社会上存在着发育良好的职业经理人市场机制和风险投资市场机制,有企业家能力的人可以相对而言比较容易与资本相结合。但是对转型时期的中国而言，在很大程度上还是处于"资本雇佣劳动"的阶段，企业家能力与资本相结合的成本相对而言是很高的，主要是因为各种层次的信息不对称加大了交易成本。在这种情况下，"第一桶金"就显得尤为重要，这也许就是许多媒体讨论民营企业家"原罪"问题的一个重要原因。对一个白手起家的民营企业家来说，即使"第一桶金"是干净的，也往往离不开关系资本的作用。我认为，与其说鸡鸣狗盗之徒也可以成为企业家，倒不如说民营企业家连鸡鸣狗盗之徒也要"亲密接触"。

这样一来，民营企业家就有更大的概率接触到通常意义上的"坏人"，也就是说，民营企业家的风险成本远远大于一般的人。"天下没有免费的午餐"，任何事物都是具有两面性的，民营企业家获得关系资本的同时也必须承担一定的风险成本，这时就需要一种分散风险的机制，也就是我们在这里所说的民营企业家保护机制。在法律不健全或有法不依的情况下，民营企业家更需要有一种强烈的自我保护意识，以防患于未然。

李海仓是民营企业家保护机制缺失的牺牲品，事实上，全国政协副秘书长、中国民（私）营经济研究会会长保育钧就认为，一方面需要整个社会重视"仇富"心态的存在，从而让民营企业家学会保护自己；另一方面需要民营企业家队伍提高自身的素质，从而能够从容应对挑战。笔者认为，说到底，这只是社会机制发育不够完善从而引发了社会矛盾的一个表现，也就是说，社会的"宽容机制"和"声望机制"的发展并没有与市场经济的发展相协调。

总而言之，民营企业家的保护机制既与社会有关也与企业家自身有关，问题的关键在于降低民营企业家的风险成本，所以民营企业家保护机制的设计也就必须围绕这个中心展开。

（原文载于《中华工商时报》2003年4月8日第七版）

"激活"民营企业家

孙大午案件近日终于尘埃落定,孙因"非法吸收公众存款罪"被判处有期徒刑三年,缓期四年执行。为此,笔者在思考,到底什么样的民营企业家才能算社会主义市场经济中合格的民营企业家,转型社会应该怎样为民营企业家提供一个有效而合理的作用机制,并反过来通过这种机制促进社会的良性转型。

俗话说得好,"尺有所短,寸有所长"。民营企业家也不例外。市场的作用就是利用企业来为各种类型的企业家人力资本进行定价,从而达到"看不见的手"与"看得见的手"的相对意义上的"完美"结合。用诺贝尔经济学奖得主罗纳德·科斯的话说就是,企业在自己具有比较优势的范围内替代市场,市场则在自己具有比较优势的范围内替代企业。用大家经常用的话说就是:扬长避短,求同存异。

关于企业的研究一直就是国外理论经济学界的一个重点,而企业家在企业理论中则处于一个极为突出的位置,正所谓"三军易得,一将难求",因为企业家是所谓的中心签约人。笔者认为,把企业家问题纳入整个经济发展的视角是中国渐进改革的必然选择,也是中国经济增长的内在要求,因为说到底企业是企业家的企业。

理论界对企业家的定义从来就没有一个很统一的说法。笔者把各种观点概括理解为,企业家在执行"不完全合同"的过程中,通过各种手段(比如"创新""悟性"和"协调")来对付不确定性,以达到降低生产成本和交易成本的目的。

中国许多学者认为企业家必须具备的基本能力包括发现产品或服务市场的能力、熟悉和利用生产要素市场的能力、树立个人信誉和说服他人提供融资信用的能力以及鉴别不同风险和高风险压力下正常工作的能力。也有一些学者认为,企业家只是在某一方面或几个方面比一般经营者具有更强的能力。很明显,这种说法比较符合实际情况,笔者也极为赞同这一观点,因为这一观点与市场经济的精神实质相符合。

但是，中国转型社会的具体情况是非常复杂的，所以这就对中国的民营企业家提出了更为严格的要求。经济学家樊纲曾经多次放言，鸡鸣狗盗之徒也可以成为企业家。不可否认，这在机会均等和市场健全的情况下是很容易实现的，因为社会上存在着发育良好的职业经理人市场机制和风险投资市场机制，有企业家能力的人可以相对比较容易与资本相结合。但是对转型时期的中国而言，在很大程度上还处于"资本雇佣劳动"的阶段，企业家能力与资本相结合的成本相对而言是很高的，主要是因为各种层次的信息不对称加大了交易成本，当然也不排除由于权力而导致的"人为加大"的部分。总而言之，中国的民营企业家比发达市场经济的民营企业家面临更大的挑战。

打个比方，发达的市场经济并不要求每个企业家都是"十项全能"，因为评价机制和替代机制是相对通畅和有效的，"偏科"（某项或某些能力不足或不具备）的企业家照样能够在市场竞争中胜出而成为所谓的"冠军"。而对转型经济而言，"偏科"（某项或某些能力不足或不具备）就有可能给企业带来巨大的成本甚至带来灭顶之灾。

这里面不可忽视的一点是，所谓的"偏科"往往是因为"偏了权力的科"，而不是"偏了市场的科"。所以，从某种程度上说，如何纠正民营企业家的所谓"偏科"现象将决定中国市场经济的发展方向。经济学家吴敬琏也多次提醒中国要发展"好的市场经济"，而不是走向"坏的市场经济"，而二者的区分仅仅在于权力和市场有没有划清正确的边界。

诺贝尔经济学奖得主詹姆斯·布坎南把选择分为两种：一是对于约束的选择；二是在约束内的选择。转型的过程是这两种选择综合作用的过程，某种程度上类似于所谓的不完备法律。对民营企业家乃至对整个国家而言，约束的选择是选择市场的约束，而约束内的选择则是市场内的选择，虽然这也许是一个渐进的过程，但是这个过程却是发展社会主义市场经济的必由之路。中国转型的过程就是要逐渐"激活"那些"偏科"的企业家。

[原文载于《国际金融报》2003年11月3日第三版（IFN时评）]

中小银行四大功能

关于中小银行或者说社区银行的争论一直都是一个热点，一个重要的原因在于其实践意义远远大于其理论意义。中小银行的建立和发展是中国经济，特别是民营经济发展的必然要求，也是完善中国"市场化"的必然要求。笔者认为，认识清楚中小银行的功能对于发展中国的中小银行会有一定的帮助，事实上，制度设计者在制定政策时也应该围绕如何发挥中小银行功能进行考虑。从经济学的角度进行分析，中小银行的功能主要体现在以下四个方面。

第一，中小银行在对中小企业进行融资方面具有比较优势。我们应该看到，一方面国有银行向国有经济行业提供信贷的纵向信用逻辑不适合于中小企业，另一方面国有银行不具有中小银行所具有的"软信息"。我们并不是说国有银行不能够向中小企业贷款，但是，由上面的两个方面我们可以知道：这种贷款一则有可能损害中小企业的长期增长机制（尤其是在资本结构方面）；二则会加大国有银行自身的风险。所以，我们可以认为，国有银行向中小企业贷款的做法在很大程度上是不具有比较优势的。

第二，中小银行可以在更大范围内硬化企业预算约束。笔者认为，中国股市现在出现的问题就是把企业的预算软约束从政府身上转移到了股民身上，只要这种软约束存在，合同就不可能是自我实施的，就会"锁入"坏的均衡。我之所以举股市这个例子，正是为了说明预算硬约束的重要性。国外转型经济学理论研究表明：首先，中小银行能够通过股权分散化来提高解救企业的事后成本并硬化预算约束；其次，中小银行能够通过贷款给项目质量足够高的中小企业来硬化预算约束。当然，我们也应该看到，中小银行在通过提高甄别技术以硬化预算约束方面具有劣势，这主要体现在伯格洛夫-罗兰模型上。但总体上来说，发展中小银行是可以增进社会福利的。

第三，中小银行有助于减少社会风险。我们知道，从总体上防范和化解金融风险是加强和完善政府调控功能的一个重要的组成部分，而发展中小银行正好可以通过优化金融资源配置来做到这一点。事实上，中小银行不但可以降低相应的国有银行的风险，而且可以在很大程度上消除相应的地下金融的风险，着实有"一箭双雕"之效。我们还应该注意到，中小银行的发展也有利于推进利率市场化改革。笔者认为，发展中小银行符合哈耶克意义上的"自发秩序"原理，与其说是一种强制性制度变迁，倒不如说是一种诱致性制度变迁。当然，在这个过程中我们也应该时刻注意防范中小银行自身的风险。

第四，中小银行有助于中国银行业的专业化分工。出于风险和收益的考虑，不同规模的银行具有不同的专长，正所谓"尺有所短，寸有所长"。诺贝尔经济学奖得主斯蒂格勒认为，凡是在长期竞争中能够得以生存的规模都是最佳规模。专业化分工有助于不同层次的银行在各自的层次内向着减少交易费用的方向演进，这才是问题的关键，因为这至少可以通过渐进的方式来深化金融改革，从而在另一个角度给出了深化金融改革的一个答案。事实上，我们在第一点中谈到的中小银行的比较优势也正是基于其符合专业化分工原理。

十六大后，中小银行的发展前景将会十分广阔，环境也将趋于宽松。我们相信，中小银行的四大功能将会随着时间的推移而逐步凸显，这将会使中国的金融更好地为中国经济和社会发展服务。

[原文载于《国际金融报》2002年12月12日第四版(专栏)]

民间融资：积极的自发秩序

民间融资虽然长期存在，但是官方对它的态度却一直模棱两可。当它出现问题时，喊打声便不绝于耳。值得注意的是，中国人民银行在最近的一份调查报告中却肯定民间融资有积极的"补充作用"。

央行日前公布的《2004年中国区域金融运行报告》中说，民间融资的存在主要是为了满足人们日常生活紧急支付和民营企业扩大生产经营规模的资金需求。在中国目前间接融资占比过高的情况下，民间融资不仅优化了融资结构，为中小民营企业、县域经济融资另辟蹊径，还可以减轻中小民营企业对银行的信贷压力，转移与分散银行的信贷风险。不过，报告也指出民间融资有一定的负面影响，主要是极易导致民间资金流入受限制行业，在一定程度上削弱了宏观调控的效果。

实际上，民间资金的出路问题一直困挠着中国经济。由于政策上的原因（比如准入上的限制），一些民营企业，特别是那些在相对成熟的领域里的企业，很难寻觅到比较好的投资机会。结果使得资金大量积淀在民间，而且大多以现金的方式流动和游动。另外，中国的中小企业特别是民营中小企业又存在"大面积"的融资困境。在这种情况下，经过民间融资的中间组织的撮合，对某些民营企业的发展起到了重要的支撑作用（比如报告中所指出的"生产性融资比重高"）。按照诺贝尔经济学奖得主斯蒂格勒的分析，这可以说在某种程度上提高了市场效率。根据制度经济学理论，民间融资的演化过程可以算得上是一种哈耶克意义上的自发秩序。

从目前的经济形势来看，我们既不缺少劳动力，也不缺少资本，缺少的是一种把资本和劳动结合起来的机制，也就是说，缺少的是一种融资制度的创新和维系。中国相对短缺的资本并没有得到应有的利用，相对丰裕的劳动力也没有得到充分的开发，资本和劳动没有能够进行有效的匹配，各自的潜在优势难以发挥，这种匹配失灵的一个重要原因就是融资制度(特别是正规金融制度)没有发挥应有的作用。

融资制度的创新和运行还是得从现实出发,因为从现实生活中衍生出来的机制,往往是行之有效的低成本方法。我们有许多经济学者无视现实已经给出的解决中小企业融资困境的答案,却一心想着依靠自身智慧设计出"理想方案",这种理论不联系实际的做法无异于隔靴搔痒。

中国的非国有企业创造了全国将近70%的GDP,却只能获得大概不到30%的贷款,而国有企业创造了全国30%的产值,却获得70%的金融资源。这除了说明金融资源分配体制有问题外,更说明了"隐性"的民间融资发挥了重要的"隐性"作用。

民间融资优劣集于一身。但我们要记住的是,利用任何一种机制都避免不了付出成本,只要好的不要坏的是不可能的,"天下没有免费的午餐",我们能做到的只能是通过相关制度安排和信息机制努力降低其风险,不能矫枉过正,更不能因噎废食。

(原文载于《每日经济新闻》2005年6月1日第二版)

破解融资困境

中国的融资问题是一个体制性的问题,是一个结构性的问题。由此,突破中国融资困境必然依靠融资制度创新,并且,这一创新必须与中国经济发展的大趋势相适应,因为只有这样才能保证合约的自我实施。中国的融资制度创新不是一般意义上的创新,因为它必须承担并接受"转轨加发展"的双重压力和双重检验,所以相对发达经济的相关创新而言它的产生必定是一个艰难的过程。即使某些融资创新能够作为一种哈耶克意义上的自发秩序演化出来,却也可能由于有意或无意的人为的阻碍和抑制而难以扩展。笔者认为,从中国的现实出发来打破与此有关的"锁入效应"就显得尤其重要。

从目前的经济形势来看,中国不缺少劳动,也不缺少资本,缺少的是一种把资本和劳动结合起来的机制,资本和劳动没有能够进行有效的匹配,匹配失灵的一个重要原因就是融资制度没有得到创新。

融资制度是怎么进行创新的呢?笔者认为,还是得从现实出发,因为现实生活中衍生出来的应对信息不对称的机制往往是行之有效的低成本方法。现在的问题是,我们有许多人一心想着依靠自身智慧设计出"万能方案"和"万全之策"。实际上,这种想法应对大问题很有可能"聪明反被聪明误"。诺贝尔经济学奖得主科斯认为,为寻找某种最优系统而冥思苦想,也许能够想出一些用其他方法得不到的分析技术,在某些特殊情况下,还能够进而得出一些结论;但是一般来说,这种做法贻害不浅,因为它使注意力偏离了主题,不再去研究实践中其他制度安排是如何起作用的。对现实中的融资制度安排置若罔闻,不去进行比较分析,怎么能够得到理想的结果呢?要知道,南辕不能北辙,缘木不能求鱼。

农村进行的家庭联产承包责任制的改革不是靠学者和官员突然想出的锦囊妙

计，而是靠现实生活的自发秩序的"苗头"（当时是非法的）。政府贵在发现了这个"苗头"并推广了这个"苗头"，从诱致性制度变迁到强制性制度变迁，水到渠成，就像哈耶克慨叹"市场真神奇"一样。虽然融资制度的创新和实体经济的制度变迁有着不同的着眼点，但是其中的借鉴意义还是显而易见的。中国融资制度的创新也必定是符合中国国情的创新，并且很有可能在全世界范围内都是独一无二的，因为不同环境属性的"交易"对应不同的治理结构，就像中国当初选择的渐进式改革道路一样。

当我们讨论中小企业融资困境的时候，当我们讨论就业难题的时候，当我们讨论民营银行的时候，当我们讨论地下钱庄的时候，当我们讨论储蓄分流的时候，我们想到的是什么呢？我们为什么不把所有这些问题"串成一个串"来分析呢？

如果可以把上述这些问题看成一个同心圆，那么中心就是所谓的融资制度的创新。或者用交易成本经济学大师威廉姆森的话说，在很大程度上，这些问题都是同一个问题的变种。当然，不可否认的是，融资制度创新又和一些看起来可能更成问题的问题交织在一起，比如股票市场"漏斗"和银行体系"黑洞"。经济学家麦金农认为，发展中国家对货币体系的抑制分割了国内资本市场，对实际资本积累的质和量产生了极为不利的后果。很明显，这一洞见也适合于中国转型的实际情况。自身积累机制的弱化再加上外部筹集机制的弱化，造成了"双重困难"，这只能使得矛盾史加突出。

诺贝尔经济学奖得主莫顿·米勒就认为，成功的金融创新的动力主要来自政府各方面的管制和税收政策的变化，行为主体对这些变化采取适应性和选择性的调整行为（有可能是违规行为）以期降低交易成本。从这个角度来看，所谓的创新只不过是一种双方的博弈而已，关键是这种博弈对双方来讲都是低成本的，从而能够为政府所引导。

［原文载于《国际金融报》2003年10月8日第三版（专栏）］

破解银行存差谜团

10月16日,中国人民银行发布第三季度统计数据表明,中国城乡居民人民币储蓄金额9月末首次突破10万亿元,达到10.1万亿元,由此,再次引发不少学者从不同的角度为储蓄分流献计献策。实际上,高额储蓄分流只是国有银行存差问题的一个衍生品,有了存差问题才会有分流问题。

很明显,讨论银行存差问题必须从两个角度出发,一个是供给,另一个是需求。但是,不能忽视的一点是,此乃国家、居民、银行,以及企业之间的四方博弈。在这里,我们主要基于居民和银行进行分析。

首先分析居民。居民收入的增加无疑是储蓄增加的基本原因,而居民投资渠道的狭窄则是这一事实的促成因素。另一方面,转型时期的不稳定预期也会造成边际消费倾向的减小,也就是说,会造成边际储蓄倾向的增加。但是,国有银行本身存在的经营风险为什么没有起到阻碍储蓄的作用呢?有学者认为,这是因为国家以不可分的声誉入股银行,从而和居民形成了奇妙的资本联盟。自然而然,上述因素综合作用的结果就是居民储蓄高增长。

其次分析银行。国家通过"行政压力"要求国有银行减少不良贷款,而国家之所以这么做又是迫于"市场压力",因为渐进式改革的过程就是化解金融风险的过程。这一机制作用的结果就是国有银行想方设法迎合"行政压力"和"市场压力"的双重要求。问题的另一个方面是,银行的客户也在渐进式改革的过程中发生了变化。相对而言国有企业的效率比较低(虽然竞争效应导致其效率也在提高),所以国有银行所拥有的国有企业的信息价值在不断降低,换句话说,国有银行的信息租金在不断降低。与此同时,民营企业的相关信息又不能有效传递到国有银行(二者之间信息不对称),这也就是有些学者所说的国有银行对民营企业的歧视。上述因素综合作用的结果就是银行"惜贷"。

基于居民和银行的分析，两者共同作用导致国有银行存差问题，而这一问题必然引发高额储蓄如何分流的问题。我们再回过头来看看现实中是如何解决这一困境的，因为现实中的制度安排往往起着不可忽视的作用，就像历史一样，现实也是一面镜子。

中国目前已经出现投资性经济过热，至少是局部出现了这种苗头，而这一轮投资主要是由地方政府主导的，由此形成了一些低水平的重复建设，地方政府通过行政手段干预银行信贷，或者说，银行利用地方政府信誉发放贷款。因此，这一解决银行存差问题的方法带有明显的市场与计划手段相混合的痕迹。

当民营企业的信用等级没有达到一定的层次（不能有效对付银企之间的信息不对称）时，必定会形成一些替代性的制度安排，这些替代性的制度安排可能产生很高的试错成本，而且很可能会阻碍市场化的进程，换句话说，渐进式改革的市场化速度并不像人们想象得那样快。这和乡镇企业的模糊产权的道理如出一辙。

但是，我们不能忽视的一点是，所有的效率都是相对的，不是绝对的，所以比较制度分析是重要的。正如交易成本经济学大师奥利弗·威廉姆森所言，选择是在可替代的方案之间做出的，假如按照无摩擦的理想标准来评价的话，所有选择方案都是"有缺陷的"。

破解国有银行存差谜团，解决高额储蓄分流问题，更进一步说，解决融资困境，是一个比较长的过程。这需要多方在博弈中形成互动机制，并基于此演化出低成本地应对信息不对称的有效制度安排。在这个过程中不排除形成过渡性的或临时性的制度设计，同时，这种制度设计本身也可能成为被改革的对象。

[原文载于《国际金融报》2003年10月20日第三版（IFN时评）]

券商须重组织创新

随着券商经营困境的加剧,就此话题的讨论也越来越深入。对此,笔者认为,对券商而言,只有自己才能救自己,而救自己的真正途径只能是练内功(通过组织创新提高组织效率)。

按照笔者的理解,市场的作用就是使内部矛盾外部化(尽量利用"囚徒困境"),而企业的作用则是使外部矛盾内部化(尽量防止"囚徒困境")。"囚徒困境"的本质含义就是"个体理性与集体理性的冲突",有冲突未必是坏事。而市场和企业正是通过"看不见的手"和"看得见的手"这两个机制相互作用、相互制衡,并且在这个基础上不断向前演化。

事实上,在交易成本经济学的分析框架中,经济效率分为两种,一种是所谓的配置效率(主要是市场层面的效率),另一种就是所谓的组织效率(主要是企业层面的效率),前者主要通过市场(外部组织)来实现,而后者则主要通过企业(内部组织)来实现。

如果券商没有组织效率,就不可能为投资者提供好的服务,反而有可能通过一些漏洞对投资者采取"机会主义"行为。如果券商没有组织效率,就不可能拓宽融资渠道,因为资金都是要追求自己的回报的,除非一直靠政府提供的各种意义上的"预算软约束",而这样做是不可能持续下去的。如果券商没有组织效率,就不可能通过市场的选择机制的检验,券商整体亏损预示着生死抉择,市场总不能把所有的券商都淘汰吧。如果券商没有组织效率,即使盈利模式创新了,也不能保证赚来的钱不被"黑洞"大量吞噬。

笔者一直这么认为,券商的问题是"居安"的时候没有"思危","饮水"的时候没有"思源",也就是说,券商在获取超额利润发展如日中天的时候没有想着如何提高自己的组织效率。新经济史学的研究表明，许多的问题都是在表面上强盛的时候留下了隐患，忽视隐患的结果就是"酿成苦果"。历史是一面镜子，现实则是另一面镜子。

在中国渐进式改革的过程中，券商的成熟和发展是金融深化的一个不可或缺的组成部分，所以否定券商积极作用的评价是不客观的。和计划经济的优先发展重工业的思路一样，出于发展经济和解决问题的需要，政府不是按照市场经济的要求去运作证券公司（金融企业），而是按照自身的偏好进行运作，结果自然在证券公司的发展中产生了许多偏离正常轨道的问题。

如果把这理解为另一种意义上的"赶超战略"的话，那么，毫无疑问，中国的券商并没有按照比较优势的原理循序渐进，结果自然是不具备真正的自生能力，在渐进博弈的路径中陷入了坏的博弈均衡，没有走上金融制度演化的良性循环的道路（笔者在这里提到的自生能力的概念与林毅夫教授所定义的自生能力概念有所不同，关键是引入了组织效率这一变量）。

按照新制度经济学的分析，企业和市场的相互替代正是基于双方的比较优势进行的，如果金融企业的组织效率和金融市场的配置效率都不高的话，那么这种相互替代就不会是有效率的，结果只能收敛在坏的均衡上。中国现在的实际情况已经证明了这个不幸的结论，金融市场和金融企业双双出现了困境。总之，券商困境的根源在于传统的组织模式已与市场发展的环境格格不入，所以券商到了必须重视组织创新的时候，通过组织创新提高组织效率已刻不容缓。

［原文载于《国际金融报》2003 年 10 月 30 日第三版（专栏）］

国资经营须破管理困境

国资委的成立预示着中国对国有资产的经营管理将进入一个新的阶段。面对这一新的国有资产管理体制，很多学者从不同的角度对其运行中应该注意的问题进行了深刻的分析。大多数学者是从大的方面分析了国资委应该如何发挥自身的作用，认为国资委为解决国企改革实践中存在的深层次矛盾和问题提供了新的契机。本文仅仅想从一个很小的角度分析一下国资委应该注意的事项，原因很简单，正如交易成本经济学大师奥利弗·威廉姆森所言，"行动在于细节"。

国资经营中应该破解的问题也就是企业理论中普遍存在的管理困境。管理困境并不是国有企业所特有的，所有的科层制企业中都存在这个难题，所以这种分析具有普遍的现实意义。诺贝尔经济学奖得主科斯认为，在企业内部，协调并不是通过价格实现的，而是通过"不通过价格机制干预"的企业家的工作实现的，也就是说，是通过科层命令实现的。而科层命令要想发挥作用就离不开科层权威，通过科层权威才能达到一定的合作努力水平。问题出在，科层并不能达到个人利益与团队利益之间的完美一致，这样一来就会形成所谓的低效率的纳什均衡（即"社会陷阱"或"社会两难困境"或"锁入效应"），管理困境由此产生。

笔者的意思是，中国经济改革，特别是国企改革的过程就是逐步破解管理困境的过程，只不过现阶段的管理困境具有现阶段的特征（新的阶段有新的表现形式），我们不应该因为其改头换面就忽视甚至淡忘了这一具有根本意义的主线。计划经济时代的短缺是因为国有企业的低效率，现阶段的改革也还是为了提高国有企业的效率，不过因为市场机制和民营经济的作用而使国资改革具有更加复杂的竞争效应。

企业就是为了把可以内部化的外部性内部化或曰把不可以内部化的外部性外部化，国有企业的改革过程就是为了逐渐做到这一点，比如说要逐步消除国企的政策性负担,这其实还只是为了在看得见的非常浅显的层面破解管理困境。随着时间的推移,国资经营必定朝着看不见的、更为深刻的层面破解管理困境,而这一个层面的表现形式则较以往远为复杂,用句不是很贴切的话说,国资经营会越来越围绕人力资本(包括企业家和工人,特别是熟练工人的人力资本)产权展开。正如诺贝尔经济学奖得主哈耶克所说,基本上每个人都有一些别人没有的优势,因为他可以有力地利用他掌握的独一无二的信息。世界经济发展的趋势表明,企业发展的过程是一个分权的过程,科层中的权力逐步下放而不是越来越集中。认清趋势是很重要的,因为这是人类经济发展的客观规律,用我们经常说的话说就是,这是不以人的主观意志为转移的。

经济学上的分析表明,任何科层内必然存在根本的紧张状况;所有者利润最大化的目标与企业整体效率之间必然存在着利益上的冲突。换句话说,对团队成员有效率的激励机制,并不是使剩余利润最大化的机制,任何激励机制都有不可避免的局限性。所以单单从激励机制设计的角度出发不会得到国资经营的万全之策,这样一来,许多学者所认为的"激励机制一抓就灵"就显得有些片面了。

上面的分析并不是说管理困境是不能够破解的,笔者认为破解国资经营管理困境需要双重的"可信承诺",一个是国资委对国有企业管理者的"可信承诺",一个是国有企业管理者对国有企业员工的"可信承诺",双重承诺是为了使任何一方都不会为了短期的利益而牺牲长期的效率,从而使潜在的"社会剩余"被生产出来,实际上这是一种"理想"的激励机制,涉及深层次的产权保护问题。第一个"可信承诺"离不开"政治压力"(法治建设)的作用,第二个"可信承诺"离不开"同伙压力"(科层文化)的作用。很明显,双重承诺必须"匹配"才行,否则还是会以不同的形式表现出低效率。

[原文载于《国际金融报》2003年9月3日第三版(专栏)]

提升国资组织效率

关于国有企业效率的讨论一直是经济学界的一个热点，因为这对处于转型期的中国有着非常重要的意义。国有企业之所以要进行改革，就是因为其微观效率低下，事实上，实证分析表明在各类企业中，国有企业的效率是最低的，这是国内转型经济学界的主流观点。但是中国之所以选择渐进式改革的道路，就是因为国有企业还是具有宏观效率的，对此不加分析地否认是不对的。

事实上，国外转型经济学界和国内的一些学者已经注意到了这一点。笔者认为，这实际上是中国渐进改革的初始条件，正是这一初始条件决定了中国的改革路径和策略。国资委的成立标志着中国对国有资产的经营管理将进入一个新的阶段，从国企改革到国资改革，是按照企业的本质来行事的必然要求，是中国经济转型的必然要求。

笔者把国有企业的微观效率和宏观效率的不一致现象称为"国企效率悖论"，理解这一所谓的悖论对于国企改革应该怎样进入动态最优化路径并选择一个合适的改革速度在实践上是有意义的。中国的经济发展之所以能取得举世瞩目的成就，正是因为在想方设法提高国有企业微观效率时利用了国有企业的宏观效率。

特别需要强调的是，与此同时充分发展了非公有制经济。统计数据表明，在2002年，国有经济、集体经济和私营经济的固定资产投资分别为1.89万亿元、0.60万亿元和1.86万亿元，相应的城镇就业人数分别为7 200万人、1 100万人和1.65亿人，渐进式的思路表现得非常明显。

国内有学者认为，国有企业具有宏观效率是由下面的原因造成的：在实行"后赶超战略"的知识经济时代，国有企业可以作为克服"市场失灵"和"政府失灵"的制度安排，可以成为"技术模仿、技术扩散和技术赶超"的中心，可以充当转型时期"宏观经济的稳定者",以及"社会福利和公共品的提供者"。

因为这一解释只看到了问题的好的方面,而忽视了问题的坏的一面,只注重收益,不考虑成本,并且缺乏足够的证据支持,所以遭到一些学者的抨击。但是,这一分析和国外转型经济学界的理论分析在精神实质上有某些共通之处,从既定的初始状态和约束条件出发,特别是考虑到政治约束条件,国有企业的作用是不能低估的。

然而,老是强调国有企业宏观效率也是不正确的,因为我们不能忽视的一点是,随着形势的发展,改革的初始条件也在发生变化,国有企业的宏观效率就有可能逐渐表现为宏观非效率——当其社会成本大于社会收益的时候。在这个时候,国有企业就可能陷入宏观效率和微观效率双双低下的局面,对国有企业进行深层次的改革就成为中国经济发展的内在要求。

国有企业在全要素生产率(TFP)提高的同时,各项财务指标却在直线下降。一个比较折中的观点认为,这一现象主要是由竞争层面的原因(有利效应)和制度层面的原因(不利效应)造成的。也就是说,市场层面的竞争提高了配置效率,但是企业层面的缺陷却损害了组织效率。这和交易成本经济学上的效率分析(把效率分为配置效率和组织效率)的观点是一致的。

国资委主任李荣融提出,明年要加快建立健全现代企业制度,加快股份制改革步伐,深化企业内部用工、人事和分配制度改革,加快主辅分离、辅业改制步伐,力争从这四个方面加快中央企业改革和制度创新。实际上,这四个方面也正是围绕提高企业的组织效率展开的,企业就得按照企业的本质运行,政府就得按照政府的本质运行,各自有各自的效率边界。

总而言之,初始条件是动态的,用静态的眼光来看待这一问题就会导致似是而非的矛盾。"国企效率悖论"只是发生在某一个阶段的问题,整个过程随着初始条件和约束条件的变化而变化。从提高竞争效率的阶段转移到提高组织效率的阶段是国有资产管理体制改革面临的最大问题,而这必然以国资委"当好出资人"为契机。

[原文载于《国际金融报》2003年12月25日第三版(专栏)]

三、
改革和转型的经济学逻辑

渐进式改革如何在新阶段攻坚

中国的改革已经进入一个崭新的阶段,中国经济发展正处于一个重要的机遇期。国内许多学者都认为,随着时间的推进,改革已进入以全面调整利益关系为重点的总体攻坚的新阶段。有鉴于此,厘清改革的总体逻辑和整体思路就显得尤为重要,因为这样才能找到渐进式改革的攻坚策略。

渐进式改革相对于激进式改革的胜出并不是偶然的,其中的道理也并不像一些西方"休克疗法"代表性人物所给出的解释那么简单。笔者认为,许多西方学者往往只是从一个方面考虑问题,虽然每个方面的解释看起来都能自圆其说,但是改革的总体逻辑和整体思路绝对不是从单个层面出发就能够得到的,这就是社会科学和自然科学的最大区别。如果说自然科学可以从部分的角度出发就能够得出一些普适性的结论的话,那么不幸的是,社会科学(特别是涉及整体方案的学科)则不可能这样。笔者的意思是,总体性的改革必然寻求总体性的思路,忽视这一点只能导致失败。

在计划经济的条件下,政府、企业和市场是一个整体,这一个整体并不是基于大多数学者所看到的平均主义的意识形态而发挥作用的。实际上,计划经济内生出了自己的激励机制,也是按照这一激励机制来运行的。也就是说,计划经济在早期的发展和繁荣是必然的,是有其内在逻辑的。按照曼库尔·奥尔森的分析,计划经济为了使劳动供给曲线走出"拐折点陷阱"而对边际下的收入课以重税,对边际的收入不收税,这样一来闲暇就会成为一种奢侈品,每个人不得不努力工作,产出自然就会明显增加、经济自然就会高速增长。实际上,我们可以看到,这一激励机制与我们平常所熟悉的市场经济的激励机制刚好相反,正所谓"反其道而行之"。这种作用机制在没有形成利益集团和串谋集团的时候是能够奏效的,但是当稳定下来以后,大家就会发现通过串谋来形成小的特殊利益集团相对于原来的做法更加有利可图,这样就形成了私人利益和社会利益的不一致，必然会阻碍经济系统的效率。如此一来，计划经济的激励机制就失灵了，所以经济发展到一定阶段必然要求对僵化的体制进行改革。

转轨的过程表面上看起来是从计划经济转向市场经济，实际上是从计划经济的失灵的激励机制转向市场经济的有效的激励机制。但是这种转轨绝对不仅仅是企业的转型，还有与之相应的其他系统的转型和创建。总之，这是一个社会博弈的过程，企业要摸索到企业的边界，政府要摸索到政府的边界，市场要摸索到市场的边界。但是社会博弈并不仅仅是一个简单的口号，它的精神实质是每个利益主体都有自己讨价还价的能力，从而可以防止一个利益集团为了自己的私利剥夺其他利益集团。从这个角度来看，让弱势群体拥有自己的话语权和代言人就显得尤其重要，要不然社会博弈就会走形，从而不能形成哈耶克意义上的扩展秩序或者奥尔森意义上的市场扩展型政府或者诺思意义上的有效率的经济组织。

激励机制的转型是以经济学上经常说的替代为基础的。按照新制度经济学上的分析，企业和市场的相互替代是基于节约交易成本的比较优势进行的。激励机制的作用原理也离不开这一明显的道理，如果继续使用原来的激励机制能够比使用新的激励机制带来更大的交易成本的节约，新的激励机制就不会被采用，正是这一点决定了渐进式改革是一种名副其实的"增量改革"，很显然，这其中隐藏的动力机制是符合社会博弈的要求的。

继续按照上面的分析思路进行推理，如果一种机制发育得比较完善，可以很好地节约交易成本，那么它就有可能逐步替代其他的机制，直至新的边际，在这一点上利用两者的边际成本相等。也就是说，渐进式改革的速度并不是一成不变的，可能有的时候慢，有的时候快，这取决于社会博弈（边际替代）的过程。用斯坦福大学青木昌彦教授的话说就是，这种变化是累积性的或新的，而不是连续地、逐步地发生的。这一点告诉我们，渐进式改革既不能"操之过急"，也不能"畏首畏尾"，关键还是要依靠其内生的动力机制。

渐进式改革的过程是一个不断解决问题的过程，其精髓就在于使得风险累积的速度小于风险化解的速度，从而使得整个系统朝着市场化的方向收敛。如果把青木昌彦教授的观点拓展开来的话，我们可以认为，渐进式改革是社会博弈的函数，而社会博弈又取决于社会中各利益集团的力量对比。这样一来,问题就出来了,如果利益集团中有一定势力的一方不能从社会潜在收益中分得相对于以前来说更大的数额,那么它就很有可能阻碍改革的进行,哪怕这种改革对全社会来说是有利可图的。社会博弈进行到了这样的阶段,事实上就相当于陷入了所谓的"锁入效应",不过用战争中经常用的一个词"相持阶段"来描述或许更加贴切。这一阶段的特征用经济学的术语描述就是,由"帕累托改进"进入了"卡尔多改进"。

改革的攻坚阶段实际上是社会博弈的相持阶段。现在的问题是,怎样才能让相持的时间不至于太长,不至于形成长期徘徊的"动态超稳定综合病",更不至于形成"坏的均衡"。分析到这里已经很清楚了,单单依靠社会博弈并不一定能够使得改革进入一个好的博弈均衡,这就是曼库尔·奥尔森批评科斯定理的一个重要原因。既然这样,问题的解决就离不开政府的作用。

增长经济学中有一个模型非常形象,描述的是"经济援助"对贫穷国家的"大推动"作用,只要这个作用超过"拐折点",就可以帮助落后国家跳出原来的"贫困陷阱",犹如鲤鱼跳龙门。同样的道理,只要政府在社会博弈中发挥的作用达到了一定的门槛水平,就可以从坏的博弈均衡转向好的博弈均衡,从而促使改革进入良性循环的"快车道"。但是,政府的"支持之手"能够发挥作用的前提是政府的"掠夺之手"能够得到有效的限制,这是安德烈·施莱弗和罗伯特·维什尼的观点。

政府应该怎样才能发挥理想的作用呢?答案就是依靠转型经济学中所说的"逆转成本"。什么是逆转成本呢?简单地说,就是从后来的结果逆转回原来的结果所需要的成本。激进式改革和渐进式改革的区别是什么?是逆转成本的大小和试错成本的大小。激进式改革的逆转成本特别大,大到了即使发现自己错了也难以逆转的程度,这和人们经常说的"孤注一掷"异曲同工。相对而言,渐进式改革的逆转成本就要小得多,因为它允许试错并可以在某种程度上纠正错误,所以这种改革和市场经济在本质精神上是毫无二致的。我们知道,市场是可能失灵的,所以和市场经济在本质精神上相通的渐进式改革策略也有可能失灵。认识不到这一点就不能真正领会渐进式改革中所蕴含的深刻道理。

市场失灵的原因在于信息不对称、外部性以及垄断权力,因为这些因素导致了很高的交易成本,高到了通过市场来完成交易已经得不偿失的程度。按照科斯的分析,纠正市场失灵要靠企业(交易由内部组织来进行)。同样的道理,纠正渐进式改革策略失灵要靠政府。从这一点来看,政府在转型中发挥的作用是不可或缺的,这和国外转型经济学界得到的共识是一致的。

政府要在改革的某些阶段,特别是攻坚阶段加大一些局部改革的逆转成本,不要在某个方面的改革上来来回回试错,因为按照博弈论的分析,一个短暂而严厉的过程的效率,可能大大高于一个投入同样力量进行的长期而温和的过程。通过自上而下的强制性制度变迁加大逆转成本,相当于在社会博弈中加入了一种新的有机力量,从而有利于博弈均衡朝着好的方向收敛。

总而言之,逆转成本太大和太小都不是很好,关键是要和经济形势相适应,用交易成本经济学的话说就是,特定形势的特定属性必须有特定的治理结构与之相匹配,这样才能保证整个经济系统的效率特征。笔者的出发点并不是想要政府对改革"拔苗助长",只是按照经济学的逻辑推理进行分析。如果上面的分析可行的话,那么,由此出发,政府对解决累积性的老问题就应该采取新的思路,因为随着渐进式改革的推进很大程度上已经没有了可以实施老思维的策略空间。

(原文载于《中国经济时报》2004年11月19日第五版)

降低试错成本

中国的经济发展已然一枝独秀,不管海内外的人士怎么评价,这都是一个不可否认的事实。现下的中国改革已经进入了一个以全面调整利益关系为重点的总体攻坚新阶段,以国务院发展研究中心的智囊为代表的许多经济学专家和学者针对现阶段既有的特征为中国经济发展提出了一些策略性思路。本文想从试错成本的角度为中国的经济发展,特别是完善社会主义市场经济体制提供一个应有的视野。

笔者认为,经济发展的过程就是一个试错的过程,而问题的关键在于试错成本的大小。在正常情况下,试错成本是不能太高的,因为试错成本太高的话就会形成过多的沉淀成本从而损害经济系统的效率。这样一来,问题就不在于不犯错误,也不在于少犯错误,而是在于怎样犯错误。举个例子,就"重复建设"而言,我们就应该分清"行政性的重复建设"和"市场性的重复建设"。这两者应该区别对待,前者在很大程度上是有害的,而后者在很大程度上是无害的。需要指出的是,有害还是无害的区别仅仅在于试错成本相对而言是不是"应该付出的成本"。

中国的资本效率低下的一个重要原因就是中国的盲目投资太多,也就是说,盲目投资降低了资本效率,这一点笔者曾经在以前的专栏文章中指出过。按照经济学上的分析,盲目投资会使得"新资本"变成"老资本",但是"老资本"和"新资本"的作用是不同的,"老资本"的作用要远远小于"新资本"的作用,这实际上反映了交易成本经济学的资产专用性的基本假设。当然,盲目投资不一定是重复建设,但是重复建设却一定是盲目投资。所以从这个意义上来讲,试错成本这一概念应该和盲目投资这一概念相对应。

为什么说有些试错成本是"应该付出的成本"而有些则是不应该付出的呢?借用交易成本经济学的术语,这和不同的"交易"应该跟不同的治理结构相匹配有关,同样的道理，不同的"投资"也应该和不同的治理结构相匹配。如果说前者的匹配是为了降低交易成本，那么后者的匹配则是为了降低试错成本，分清这一点是很重要的，因为这样可以使我们比较清楚地看到如何提高中国的经济效率。

试错是为了利用机会并发现新的机会，而这和诺贝尔经济学奖得主哈耶克所说的发散知识有关。笔者认为，市场是节约试错成本的有力工具。对于具有比较优势的行业而言，由"市场性的重复建设"所导致的试错成本是利用市场这一治理工具应该付出的代价，"天下没有免费的午餐"，利用市场也不会免费。这一次倒不是因为诺贝尔经济学奖得主科斯所说的交易成本（经济摩擦）的存在，而是因为斯密所说的"看不见的手"的自我调适的存在，有些类似于博弈论里所说的"可信的惩罚"。笔者认为，没有这种"可信的惩罚"就不能保障市场机制自身的效率。

和"市场性的重复建设"相比，"行政性的重复建设"根本就没有自己的惩罚机制，这一特点决定了政府主导型的投资往往比民间投资有更高的试错成本。而实际情况往往是，政府官员缺乏必要的分散信息并且往往基于自身的偏好（子目标）行事，所以就会人为地加大试错成本，这和我们经常说的"人为地加大道德风险"类似。按照新制度经济学的分析，选择性干预是不可能的，用更直白的话说就是，"光要好的不要坏的是不可能的"，这就是政府往往"好心办坏事"的重要原因。

既然经济发展的过程必然是一个试错（摸着石头过河）的过程，那么演化或者设计出可以减少试错成本的治理机制或者子机制就显得尤其重要。按照诺贝尔经济学奖得主刘易斯的分析，经济发展具有"路径依赖"的性质（虽然他并没有使用这一术语），已有的经济增长滋育新的经济增长。但是，这必然以试错成本能够得以有效降低为前提。

[原文载于《国际金融报》2003年8月14日第三版（专栏）]

节约型社会的经济学含义

现阶段的中国经济增长遭遇到了资源瓶颈,资源约束成为经济发展过程中的有效约束,建设资源节约型社会已经刻不容缓。前一段时间,国务院办公厅发出了关于开展资源节约活动的通知,要求2004—2006年在全国范围内组织开展资源节约活动,全面推进能源、原材料、水、土地等资源节约和综合利用工作。这说明资源节约已经引起了政府的高度重视。民间和学界都对如何建设资源节约型社会发表了自己的看法,仁者见仁,智者见智,但是许多观点只是停留在就事论事的水平,没有从更深的层次上把握节约型社会的本质内涵。从经济学的角度来看,节约型社会首先是建立在有效的制度安排的基础之上的,有了节约型的经济组织才会有节约型的社会体系。

经济学从来就是讲究节约的,因为经济学的前提假设就是生产资源的稀缺性和人类行为的理性。只要经济主体寻求在既定约束条件下的最大化行为,他就必然会选择节约成本。中国的经济增长在节约资源方面出了问题的主要原因在哪里呢?主要原因在于中国经济增长模式并没有能够随着经济进步而转型,粗放型增长并没有在很大程度上转变为集约型增长,投资推动型增长并没有在很大程度上转变为需求拉动型增长,增长模式转型的滞后导致了中国经济投资效率低下,投资效率低下自然意味着资源没有被有效配置和使用,没有被有效配置和使用自然意味着存在浪费。浪费实际是一种博弈论上所说的"囚徒困境",在大家都浪费的情况下,选择"相对浪费"是一种优势策略,而选择"绝对创新"则是一种劣势策略,个体理性导致了集体非理性。浪费是采用现有增长模式的代价,节约是改变现有增长模式的结果,那么,我们如何才能得到这个结果呢?

经济学上的节约主要表现为两种节约,一种就是所谓的生产成本的节约,另一种就是所谓的交易成本的节约。生产成本是指生产活动的成本,生产活动是指人对自然的活动。交易成本是指交易活动的成本,交易活动是指人与人之间的活动。生产成本的节约属于边际上的节约,属于二阶节约,这种节约只是"小头",因为生产成本最小化是给定组织制度约束下的成本最小化。交易成本的节约属于结构上的节约,属于一阶节约,这种节约才是"大头",因为交易成本最小化决定了选择最有效的组织制度安排。我们不能只强调生产成本的节约,而忽视了交易成本的节约;不能只看到了"小头",而忽视了"大头";不能只看到了"树木",而忽视了"森林"。节约型社会是一种动态最优化的社会,而不是一种静态最优化的社会,因为,节约型社会需要的是生产成本和交易成本的联合动态最小化,而不仅仅是生产成本的最小化或交易成本的最小化。

生产成本的最小化不能替代交易成本的最小化,交易成本的最小化也不能替代生产成本的最小化,"两步都要走"并且"两步都要走好"才能算真正实现了成本最小化,才能算真正实现了节约。但是,我们应该注意的是,交易成本的最小化比生产成本的最小化更加重要,因为交易成本最小化的经济组织一般来说会自动选择生产成本最小化,而反过来却未必是这样,生产成本最小化的经济组织不一定能够实现交易成本最小化。这就好比解数学题,在第一步算对了的前提下第二步才可能算对,而在算对第二步的前提下第一步有可能并没算对,虽然这个比喻不是很恰当。从中国的实际情况来看,许多人强调的是生产成本的最小化而不是交易成本的最小化,这不能不引起我们的重视,因为这不符合"两手都要抓,两手都要硬"的实事求是的精神。

从短期来看,我们需要生产成本最小化类型的资源节约,因为这样才可以解决最紧迫的问题,因为这样才可以解决"燃眉之急",边际上的问题可以在边际上得到解决。要解决边际问题,我们可以使用自愿性选择和强制性选择相结合的方法。但是从长期来看,我们更需要的是交易成本最小化类型的资源节约,因为这样才可以解决最根本的问题,因为这样才可以解决"铭心之忧",结构上的问题必须在结构上得到解决。要解决结构问题,我们必须深化经济体制改革和政治体制改革。"扬汤止沸"固然属于"止沸",但"抽薪止沸"才是真正意义上的"止沸"。

深化经济体制改革是建设节约型社会的必要条件。深化经济体制改革的目的在于使得经济组织形成有效的制度安排,在有效的制度安排下竞争压力或者潜在竞争压力就会始终存在。有竞争才会有节约,竞争是节约的最好约束,竞争机制的作用就在于把节约纳入比赛的轨道。在市场经济下,谁没有节约成本,谁浪费了资源,谁就会得到福利的降低,谁就会得到效率的损失,谁就会在竞争中处于不利的位置,长远来看就有可能被淘汰。深化政府体制改革也是建设节约型社会的必要条件。深化经济体制改革的目的在于使得政府成为"有限政府"或"服务型政府",减少对经济运行的行政性干预,减少不必要的针对企业的"预算软约束",完善产权方面的法律制度,完善环保方面的法律制度,努力确保把各种经济主体外部性内部化的程度限制在最大限度以内,这样的话,经济主体就必须对自己的行为负责,经济主体就必然会选择厉行节约。

节约都是有比较的,有机会成本才会有比较的基准。中国经济在发展的过程中逐渐把隐性的机会成本显性化,在渐进中提供了越来越好的可供比较的平台。随着中国经济实力的不断增强,制度安排方面的机会成本逐渐凸显,制度建设已经成为关键,因为制度瓶颈的约束作用越来越大,特别是当制度瓶颈遭遇资源瓶颈的时候。节约型社会是中国制度建设的最重要的组成部分,是中国现代化进程的必要环节,因为当我们逐渐丧失资源比较优势的时候,我们就需要组织制度上的比较优势来弥补来平衡。节约型社会固然需要通过发展循环经济等措施来降低生产成本,但节约型社会更需要的是通过深化改革等措施来降低交易成本。随着中国经济的高速发展,中国经济越来越需要科学的经济发展观和科学的宏观调控观,而这些都离不开节约型社会的建设。

[原文载于《人民日报》2004年10月8日第十四版(学术动态版)]

如何实现经济发展中的资源节约

我国经济增长的资源瓶颈愈益突出,建设节约型社会已刻不容缓。节约既涉及技术可行性问题,也涉及制度可行性问题,而现实可行性则是在技术可行性与制度可行性之间进行的折中选择。只有制度可行性而没有技术可行性,不可能达到理想的现实可行性;只有技术可行性而没有制度可行性,也不可能达到理想的现实可行性。在技术可行性的实施成本低而制度可行性的实施成本高的地方,节约的要义在于完善制度建设和制度安排;在制度可行性的实施成本低而技术可行性的实施成本高的地方,节约的要义则在于推进技术进步和技术创新。

一般来说,经济主体只要寻求在既定约束条件下的收益最大化行为,就必然会选择节约成本。但个体的节约未必意味着整体的节约,个人的节约未必意味着社会的节约。在我国,影响和制约资源节约的主要问题,在于经济增长方式没有随着经济发展而转型,粗放型增长还没有转变为集约型增长,投资推动型增长还没有转变为需求拉动型增长。增长方式转型滞后导致投资效率低下,这就意味着资源没有被有效配置和使用,存在着浪费。当然,浪费只是相对的,如果考察经济发展所面临的全部约束条件,就会发现正是一些约束条件使得私人成本和社会成本发生了背离。

经济增长方式为什么难以转变呢?关键在于交易成本过高(约束条件过多),过高的交易成本导致了生产成本的扭曲,而生产成本的扭曲又导致了浪费。交易成本在很大程度上是看不见的,生产成本则是看得见的,所以,人们往往更关心生产成本。在大家都浪费的情况下,选择"相对浪费"(利用现行制度安排下的要素价格过低)是一种优势策略,而选择"绝对创新"(从替代性的途径寻求要素利用上的突破)则是一种劣势策略,劣势策略很容易被优势策略淘汰,个体理性导致了集体非理性。

浪费是现行增长方式的必然代价,节约是改变现行增长方式的后续结果。问题的关键在于找到现行经济增长方式的约束条件，因为只有逐渐改变目前的约束条件，才能逐步转变现行的增长方式。除了上述的企业约束外，我们还应该注意到我国国情的最大特点即人口约束。人口约束给我国经济制造了一个悖论：一方面，不熟练劳动力的"无限"供给使得劳动力的工资水平非常低，借此我国制造的产品具有相当大的成本优势；另一方面，不熟练劳动力的"无限"供给又使得工资的上升存在着强大阻力，这些劳动者很难从经济增长中获得足够的实惠。诸如"民工荒"和"欠薪"现象，都是对这个悖论的注释。当劳动的节约和资本的节约发生冲突的时候，由约束条件引发的把其中一种节约用到极限的现象就会不断发生，而这必然又会导致其他方面的不节约；当一种节约的所得小于其他方面不节约的所失时，社会性的浪费就必然会产生。

节约是相比较而言的，有机会成本才会有比较的基准。我国经济在发展过程中逐渐把隐性的机会成本显性化——从看不见到看得见，从不在乎到在乎，在渐进中提供了越来越好和越来越多的可供比较的平台。资源紧缺条件下的资源浪费本身就是一个巨大的矛盾，矛盾的关键就在于包括价格机制在内的制度安排还不合理，价格没有成为显示资源稀缺程度的有效信号，结果本来应该显性的机会成本变成了隐性的机会成本，导致在相当长一个时期人们轻视甚至忽视了这些机会成本的存在，所以，直接的和间接的资源浪费也就见多不怪了。有鉴于此，政府在推动建设资源节约型社会方面的作用应该主要体现在两个方面：一是扩大节约的制度可行性，进而降低制度可行性的实现成本；二是扩大节约的技术可行性，进而降低技术可行性的实现成本。只有"双管齐下"，才能在最大程度上实现社会性节约，使得社会性节约有一种长效的自我实施、自我强化的机制。

[原文载于《人民日报》2005年8月8日第九版(理论版)]

构建和谐社会须破三种"失灵"

胡锦涛总书记在两会前夕的一个研讨班上把社会主义和谐社会描述为"民主法治、公平正义、诚信友爱、充满活力、安定有序、人与自然和谐相处",后来经过温家宝总理在政府工作报告中的重申,和谐社会成了两会期间最为热门的话题,不同的人从不同的角度对如何构建和谐社会提出了自己的建议和想法。但是和谐社会是一个系统的工程,不是专门从某一个视角出发的,所以需要的是一个综合性的思维。笔者认为,从经济学的分析框架来看,和谐社会需要各种行为主体在各自的范围内发挥自己的优势和长处,通过个体最优化达到社会最优化,通过局部最优化达到整体最优化,把各种形式的摩擦和冲突导致的社会成本降到最低的限度。

个体(生产者和消费者)和组织(企业、市场、政府以及各种形式的中间组织)都是经济学视野里的行为主体。个人之间的和谐、组织之间的和谐以及个人和组织之间的和谐构成了和谐社会的主要内容。当然,我们还要把自然环境这个客观实在作为一个虚拟的行为主体(代表了我们的子孙后代),这种处理就如同博弈论中的"海萨尼转换"一样,这样一来,和谐社会的内容还要加上个人与自然之间的和谐、组织与自然之间的和谐。和谐社会的要旨在于生成可以自我调节的良性循环的体制,以达到自我扩展、自我纠错、自我维系的目的。所以,笔者认为,从经济学的视角来看和谐社会必须在最大程度上防止"市场失灵"、防止"政府失灵"、防止"人力资本失灵"。

这从温家宝总理的政府工作报告中也可以看出来。大力推进经济体制改革和对外开放,继续推进农村改革,深化国有企业改革,鼓励、支持和引导非公有制经济发展,加快金融体制改革,推进财税体制和投资体制改革,加强市场体系建设,所有这些举措都是为了更好地发挥市场对资源配置的基础性作用,都是为了在最大程度上防止"市场失灵"。加强民主法治建设,切实维护社会稳定;加强行政能力建设和政风建设,深化政府机构改革,加快转变政府职能,改进经济管理方式方法,努力建设服务型政府,提高依法行政能力,大力加强政风建设,所有这些举措为了更好地发挥政府对经济发展的"扶持之手"的作用,都是为了在最大程度上防止"政府失灵"。大力发展科技、教育、文化、卫生、体育事业,加强精神文明建设;进一步做好就业和社会保障工作,提高人民生活水平,加快社会保障体系建设,继续增加城乡居民收入(特别是中低收入者收入),推进收入分配制度改革,高度重视解决城乡困难群众基本生活问题,所有这些举措都是为了让人力资本"人尽其才,才尽其用",都是为了在最大程度上防止"人力资本失灵"。

经济发展的过程是一个不断解决老问题和新问题的过程。在解决问题的过程中(特别是在改革的攻坚阶段),由于不同的社会阶层和利益集团有不同的目标函数和偏好次序,所以往往需要在不同的取舍之间进行折中性的权衡和选择,而构建和谐社会的目的则是使我们的个人利益和社会利益最大程度上一致起来(通过看不见的手和看得见的手的综合作用),从而尽可能减少无谓损失(Deadweight Loss)。总之,构建和谐社会需要在最大程度上防止以上三种失灵,需要在公平和效率之间找到顾全大局、和谐相处的均衡路径。

(原文载于《国际金融报》2005年3月17日第五版)

和谐社会与暴力社会的不同约束

中国新一届政府提出要构建社会主义和谐社会,许多理论工作者就围绕为何和如何构建和谐社会进行了不同视角的思考,但是其中推理式的分析少,用一个经济学框架从头到尾以简驭繁的就更少。科学精神需要的是找准目标函数背后的约束条件,进而廓清现象背后的因果关系机制。

高小勇认为,英国光荣革命的结果是大家达成妥协,而法国大革命的结果则是血腥的暴力,原因在于:当时的英国工业化程度高,工业经济是相互交易的经济,暴力革命就不容易发生;当时的法国是农业经济,农业经济交易程度低,达成妥协反而不容易。人与人之间的交易关系的不同决定了国家管理方式的不同和国家管理成本的不同,以此来分析现实中的问题无疑是一个很好的视角。和谐有和谐的成本,暴力有暴力的成本,和谐的成本相对低会造就和谐的社会,暴力的成本相对低会造就暴力的社会,这样一来,降低和谐的成本并提高暴力的成本就成为促成社会和谐的基本经济学原理。

我认为,隐藏在交易关系解释框架背后的真正原因是 hostage,是 hostage 的不同决定了人与人之间的交易关系的不同,是 hostage 的不同导致了行为选择的成本不同。hostage 这个英语单词可以翻译为"人质、担保物、抵押品",为简单起见,这里取为通常所说的"抵押品"。在经济发展的过程中,这种抵押品到底是什么呢?应该是围绕市场这个平台进行的关系专用投资(Relationship-specific Investments)。关系专用投资是相对一般投资(General Investments)而言的,它是和可挤占准租金联系在一起的,可挤占准租金是指关系专用价值与其次优用途价值之间的差额的一部分(Klein, Crawford & Alchian, 1978)。工业经济的关系专用投资高,一旦因为暴力而终止关系的话,专用投资的损失就非常之大;农业经济的关系专用投资低,一旦因为暴力而终止关系的话,专用投资的损失并不是很大。抵押品机制是市场体制的自我强化机制、自我稳定机制和自我保护机制,是保证社会在和谐中前进和发展的基本力量。

抵押品机制和产权机制既有联系也有区别,这种联系和区别在企业理论和组织理论中已有很好的论述(Chiu, 1998; de Meza & Lockwood, 1998)。和谐社会固然需要良好的产权基础,但是,产权这个东西既有鼓励和谐的时候,也有不鼓励和谐的时候(产权的两面性),关键在于产权能够在多大程度上提供对大多数人而言的抵押品机制。和谐的社会当然是制衡的社会,拿抵押品来制衡要比拿承诺来制衡更可信。只有少数人对市场体制拥有抵押品并不能保证市场体制的和谐,所以,只有对市场体制拥有抵押品的人数达到了一定的门槛水平(人口数量上的临界水平),才能保证社会和经济拥有最低限度的和谐(和谐程度上的临界水平)。用 Rajan & Zingales(2003)的话说就是:"如果一个国家的财产所有权分布是'错误'的或者说是缺乏经济效率的,那么不管有多少民主制度,它也很难在政府和民众之间实现权力的平衡;换句话说,国家财产如果落到了错误的人手里,尤其是集中地落到他们手里,会非常不利于制约政府权力和培育自由市场。"个体针对市场的抵押品的"正确"分布是非常重要的,否则抵押品机制就有可能失灵。由抵押品制衡导致的权力的长期转移积累必定会形成国家管理方式的进步和革新,这是防止政府失灵的最佳药方。中央政府提出的努力培育和扩大中产阶层的道理也正在这里,因为中产阶层为市场提供了抵押品,只要他们能达到人口数量上的临界水平,市场经济就至少能达到和谐程度上的临界水平,中产阶层,尤其是达到一定人数的中产阶层无疑是保证社会和谐的重要力量。

市场扩展的过程,也就是专业化分工深化的过程,也就是每个个体对市场的依赖程度加大的过程,每个个体都是围绕市场进行关系专用投资的(不管这种投资是物质资本投资还是人力资本投资),而关系专用投资的作用之一正是提供抵押品。一个对市场交了抵押品的个体,是不会轻易跟市场毁约的,原因在于,交了抵押品后的个体跟市场毁约的诱惑会不同程度地减小。秉承 Macleod & Malcomson(1993)的分析思路,转换成本和专用投资为彼此继续交易(而不是在别处交易)的双方创造了收益(准租金)。每个个体都靠自己的专用投资在市场里"赚饭吃",市场成为专用投资契约的连接点。市场犹如一张系着关系专用投资的无形的大网,这张无形的大网就像无形的手指引着人们行动,正如亚当·斯密(1776)所说:"我们每天所需要的食物和饮料,不是出自屠户、酿酒家和面包师的恩惠,而是出自他们自利的打算。我们不说唤起他们利他心的话,而说唤起他们利己心的话,我们不说我们自己需要,而说对他们有好处。"在这里,屠户、酿酒家和面包师光有自利打算还不够,他们还必须进行关系专用投资(不管是物质资本方面的还是人力资本方面的)才能生产,就像亚当·斯密(1776)说的:"(他们)不可能很快地从一种工作转到使用完全不同工具而且在不同地方进行的另一种工作。"转换成本是保证抵押品机制存在的一个非常重要的约束条件。从这个意义上来说,分工不但为社会提供了更高的生产效率,而且为社会的和谐发展提供了一个抵押品机制。

基于大市场的广泛的关系专用投资和基于小圈子的狭窄的关系资本既有联系也有区别。关系资本在很大程度上是封闭式的,是人格化的,所以它的作用范围非常有限,并且它很容易滋生特殊利益集团。阿维纳·格雷夫(1999)在对热那亚和马格里布商人的历史比较分析中发现,讲诚信的社群主义马格里布商人更适合封闭经济,不讲诚信的个人主义热那亚商人更适合开放经济,"关系网络"很难发展出哈耶克意义上的"人之合作的扩展秩序",因为非正式制度的强势作用会限制正式制度的创生和发展。从这个角度来看,抵押品机制越是匿名的、非人格化的、非失灵的,就越能保证交易关系在更大范围内扩展和社会经济在更大范围内和谐。中央政府提出的建立全国统一的大市场的道理也在这里,统一的大市场不仅为各种要素的顺畅流动提供了制度平台,而且还为每个个体提供了基于大市场的抵押品机制,经济效率和社会和谐只是同一枚硬币的两个面而已。

总之,我们不要忘记市场有通过提供抵押品机制来促进社会和谐的功能,虽然这个功能表面上看起来是通过人与人之间的交易关系来发挥的。正如 Rajan & Zingales(2003)所说:"对市场的威胁来自两个不同的集团:既得利益集团,他们希望维持现有的地位,有压制任何潜在竞争威胁的强烈愿望;竞争的失意者,他们希望改变给他们带来困境的制度规则。"对付这两个威胁的办法就是让市场社会的抵押品机制(或者是强加的和被动的或者是自愿的和主动的)发挥作用,不管是通过法律体系来"削弱利益集团反对市场的积极性"还是通过保险体系来"保护失意的人而不是保护失意的企业"。

[原文载于《经济学消息报》2005年6月10日(NO.648)第一版]

GDP 不能承受之重

中国 GDP 一直就是学界和媒体的热点，GDP 承受着它本来不应承受的重力。几乎任何一个通用的经济指标都有某种程度的内在缺陷性，GDP 也不例外。GDP 的核算是以市场为导向的，反映的是能够按照市场价格进行的"货币化"的部分，所以不能包含没有被"市场"认可的部分，不能反映经济的可持续发展程度。

但是号称 20 世纪最伟大发明之一的 GDP 也绝不是一无是处，它为经济发展和管理所提供的关键性信息无疑极大地降低了整个社会的交易成本，是一项非常重要的制度安排。

GDP 指标不是万能的，但是没有 GDP 指标却是"万万不能"的，虽然这样说似乎有些夸张。GDP 指标的作用就有点儿像货币或者语言，已不可或缺。当然，GDP 指标也需要发展，事实上，基于 GDP 的绿色 GDP 或者其他更为"真实"的指标正在酝酿之中，理论界正在为此而努力，从环境经济学的蓬勃发展中就可以"窥豹一斑"。

中国的 GDP 所承受的压力主要来自两个方面。一方面，中国是一个转型中的国家，所以其 GDP 的核算也在转型之中，中国 GDP 的科学性也是在摸索中逐步提高的，吹毛求疵的态度是不符合"有限理性"原理的。

虽然中国有些项目的选取和国际上并不一致，但是这并不意味着中国的 GDP 就是不准确的。前不久，国家统计局宣布了旨在提高中国 GDP 统计数据质量的四项措施：对 GDP 的核算程序和数据发布程序进行统计调整；增加初步核实程序和最终核实程序。这些都说明中国 GDP 的核算是处于发展中的。

但是，中国的 GDP 却为此承受了国际压力。世界银行就曾经对中国的 GDP 进行大幅度的向上调整，国家统计局国民经济核算司许宪春博士曾经作为工作技术方面的主要代表与世行进行了成功的磋商；而以美国匹兹堡大学罗斯基（Rawski）教授为代表的另一些西方人士则认为中国的 GDP 处于高估状态,中国许多学者对此进行了回应。

另一方面,中国的经济增长也在转型之中,而这种经济增长的转型又反映在了 GDP 上,从而使得 GDP 承受着不应该承受的人为的压力。计划经济时代的经济增长有其内在的逻辑,总体上来看属于一种低效率的经济增长,主要表现为粗放型的经济增长,也就是笔者在以前的文章中所说的"激励机制失灵的经济增长",发展到一定程度后就会困难重重,所以必须进行经济体制改革。

在改革的过程中,经济增长表现为"行政压力"导致的经济增长和"市场压力"导致的经济增长两部分,这也就是通常意义上的"双轨制"。从历史的角度来分析问题,才能更加客观地看清问题的本质,从而知道真正的"病根"到底在哪里。

但是情况并不是这么简单,关键是在于市场化的进程中,"行政压力"并没有渐行渐远,特别是以 GDP 为导向的政绩考核标准在很大程度上扭曲了资源配置行为,政府官员往往会"主动"对 GDP 施加压力。

而且,非常不好的现象是,许多官员往往"钻 GDP 指标设计上的空子",产生了许多"无效 GDP",从而使得中国的投资效率乃至经济效率低下。除此之外,不排除因官员"虚报"(虽然国家统计数据并不是以此为基础)而导致的水分,学术界的分析结果表明确实存在此类水分,尤以 1998 年为甚。这些基于官员激励机制的问题已经引起了人们足够的重视,媒体上许多批评 GDP 的讨论在很大程度上与此有关。

经济增长的过程应该是一个人类福利增加的过程,应该是一个人类快乐增加的过程,GDP 并不是一切,特别是要考虑到 GDP 本身的缺陷性和人为利用 GDP 缺陷性的机会主义行为,建立健全政府官员政绩考核体系已经刻不容缓。现阶段的中国经济增长更应该考虑协调发展和可持续发展,这是由中国的特殊国情(尤其是就业问题和环境问题)决定的。还 GDP 的本来面目,就得让中国经济平衡发展。

[原文载于《国际金融报》2003 年 12 月 30 日第三版(专栏)]

分配制度必须与时俱进

江泽民同志在十六大报告中提出了中国经济建设和改革八个方面的任务,把对经济改革的论述推向前进了一步。在论述分配制度时江泽民同志突破性地指出,"确立资本、劳动、技术和管理等生产要素按贡献参与分配的原则,完善按劳分配为主体、多种分配方式并存的分配制度"。

继续深化分配制度改革是市场经济发展的必然要求,也是市场经济发展的必然趋势。在中国经济发展的过程中,分配关系对生产关系的反作用是很明显的,实际上,生产关系也是要由分配关系来实现的,虽然分配关系只是生产关系的一个方面。按照现代经济学的观点,这主要是由分配制度的激励特性决定的。我们可以看到,中国渐进式改革的过程也是分配制度逐步深化的过程。

要素产权是收入分配的依据,由是,当社会经济中占支配地位的生产要素发生更替时,分配方式必然会相应地发生改变。中国经济发展的过程也是生产要素产权逐步界定清晰的过程。在经济发展的过程中生产要素在经济增长中所起的相对作用是逐渐发生变化的,这就决定了各要素的贡献不是一成不变的。为了保护要素产权主体的利益,使生产要素得到合理配置和高效运营,分配制度也必须相应地适应新形势的要求。

纵观历史发展的进程,我们可以看到,农业经济主要采取了按土地进行分配的方式,而工业经济则主要采取了按资本进行分配的方式。在世界经济经历了新经济的洗礼以来,技术和管理等生产要素的作用日益突出,让技术和管理等生产要素按照贡献参与分配是经济发展的需要,体现了"与时俱进"的精神。总而言之,按要素分配可以看成按劳分配的新发展。

市场对生产要素配置的调节主要是通过要素价格进行的,换句话说,主要是通过生产要素产权主体获得报酬的机制进行的。在市场经济条件下，为了体现公平和效率，收入就必然遵循按要素分配的原则，这是一种不以人的意志为转移的客观规律。

根据价值规律，当某种生产要素供不应求时，其价格就会上升，其产权主体获得的报酬就会提高，从而导致供给增加，直到达到一种新的平衡。这符合江泽民同志指出的"初次分配要注重效率，发挥市场的作用，鼓励一部分人通过合法经营、诚实劳动先富起来"。用更直白的话来讲，"只有生产出了蛋糕才能分到蛋糕"。

但是正如诺贝尔经济学奖得主诺斯所注意到的那样，市场有一种自我毁灭的机制，制度学派的重要代表人物奥尔森认为，造成这个结果的一个重要原因是在市场发展过程中会逐渐形成特殊利益集团，当其达到一定程度时就会严重阻碍经济的发展。为了防止这种现象，中国政府就必须在再分配方面采取措施，正如江泽民同志指出的，"再分配要注意公平，加强政府对收入分配的调节职能，调节差距过大的收入"。

按照经济学上的分析，在这个过程中可能会损失一些短期的经济效率，但这却是保证长期的经济效率的需要，所以这里就存在一个"最优折中"。打一个比喻，汽车的刹车装置虽然看上去是一种成本（短期效率损失），但却为汽车的更高速度的安全运行提供了保证（长期效率收益）。如果这个"最优折中"能够得到很好的解决的话，恰恰体现了社会主义制度的优越性。

继续深化分配制度改革是全面发展小康社会的需要，也是以经济建设为中心的一个不可或缺的组成部分。中国的长期经济增长有赖于中国经济的结构性调整，以形成"有效供给"；同时，也有赖于分配制度改革的深化，以形成"有效需求"。

［原文载于《国际金融报》2002 年 11 月 15 日第四版（IFN 时评）］

腐败治理与制度安排

近期的媒体对腐败现象进行的大量报道和分析都折射出了中国政府腐败治理的紧迫性和必要性。官员腐败的特点和趋势都揭示了忽视制度安排的腐败治理结构已经不能适应社会和经济发展的新形势的要求。通过制度安排或契约安排来防范和约束腐败已然成为一个不可回避的重要问题。

转型经济学的理论表明，渐进式改革虽然整体上是一种帕累托改进的过程，但不可避免会产生一定程度的寻租现象，这主要是由双轨制引起的。我们知道，双轨制在很大程度上是一种价格的双轨制，拓展开来，笔者认为，权力的双轨制也是一个不可视而不见的重要方面，所以官员的腐败都是围绕着基于价格的稀缺资源（包括权力）的配置进行的。在经济转轨和发展的过程中，官商勾结，用经济学的术语说是官商串谋，就成为腐败的一个非常重要的表现形式。近期的关于民营企业家涉嫌欺诈的案件就很好地说明了这一点。

中国许多经济和社会问题的产生都与腐败有一定程度的关系。正是由于腐败，许多本来可以被正确定价的资源才没有被正确地定价，从而不能被有效地使用；正是由于腐败，许多本来可以被正确定价的风险才没有被正确地定价，从而造成了累积性的隐患；正是由于腐败，贫富差距才在更大的范围内和更深的层次上得以蔓延，从而阻碍了中国的有效内需。总而言之，腐败具有很大的负外部性，从某种程度上说它阻碍了社会主义市场经济的进程，用诺贝尔经济学奖得主哈耶克的话说就是，腐败阻断了市场经济的自发秩序的扩展。

笔者认为，许多中国学者之所以认为公平可以促进效率，也是和腐败现象乃至灰色经济分不开的。按照市场经济的本质上的含义，公平是很难促进效率的，也就是说，公平和效率之间必然存在着折中的或者说是两难冲突（Trade-off）。

传统的治理腐败的手段只是基于两点：一是加大打击的力度；二是加大发现的概率，这两点无非是为了使得腐败者"得不偿失"，从而产生所谓的阻吓作用，用通俗的话说就是"杀鸡吓猴"或"杀一儆百"。随着形势的发展，现在看来，这种阻吓作用并没有像我们想象中的那样大，用经济学的术语说，这实际上是"阻吓不足"。

上述的被动式执法的思路往往只能抓住腐败程度已经很深的"硕鼠"、"亡羊"之后才"补牢"，这种方法显然是不能够"釜底抽薪"的，实际上，这样很难从根本上消除由腐败造成的中国经济和社会的系统性风险，如果腐败涉及金融领域的话，更有可能产生"猝不及防"的破坏力。新制度经济学的新近观点认为，当腐败是内生的时候，解决腐败问题不能老想着让官员不腐败(保持诚实)，也就是说，不能通过信任来解决不信任，而是要通过制度安排使官员想腐败都不能腐败，这样的契约安排才是自我实施的。更重要的是，通过契约安排可以不断进行制度创新，正所谓"柳暗花明又一村"，从而步入良性循环的轨道。

上面的分析思路和最近由皮斯托和许成钢发展起来的"不完备法律"理论有异曲同工之妙。在法律不完备的情况下，通过主动式执法可以在很大程度上阻止腐败的发生。笔者认为，这里的主动式执法就相当于不断完善制度安排，借此可以使得主动式执法的成本不断得以有效地降低。当然，这里所说的主动式执法可以算作另一个层面的监管。

综上所述，通过制度安排解决腐败问题的实质就是让官员没有寻租或者说套利的机会，而这必然和官员的权责对称以及信息对称相联系，所以政府治理腐败的制度安排需要和这两种所谓的对称相匹配。

［原文载于《国际金融报》2003年6月25日第三版(专栏)］

顶层设计的经济学逻辑

顶层设计是一个在政府界、新闻界和学术界都炙手可热的概念。中国著名经济学家吴敬琏曾经发表过一篇关于改革的顶层设计的文章，他指出，顶层设计原本是网络工程学中的一个概念，指的是"建设一个大系统前必须进行'从顶层开始、从上至下的设计'（top-down design），以保证各个子系统之间的兼容、互通和联动"。有一些学者认为，顶层设计是相对于"摸着石头过河"而言的，"摸着石头过河"就是要"走一步、看一步"，"干中学、学中干"，"能走多远走多远"；而顶层设计则注意到了改革深水区的"石头"不好"摸"，需要采用"目标模式"，该"助跳"时就"助跳"，该"搭桥"时就"搭桥"，该"坐船"时就"坐船"。但是，更多的学者认为，顶层设计和"摸着石头过河"并不是相互排斥的，而是相互结合的。比如，中国著名国情研究专家胡鞍钢就认为，改革的新阶段需要通过顶层设计来进行总体规划以避免顾此失彼，但是同时需要"摸着石头过河"的试错法来进行地方创新，顶层设计与地方创新需要有机结合起来，"两条腿走路比一条腿走得稳"。在这里，笔者想结合自己最近读到的两本书从学理上探索一下顶层设计背后的经济学逻辑，这两本书分别是诺贝尔经济学奖获得者弗农·史密斯（Vernon Smith）的新著《经济学中的理性》（中国人民大学出版社2013年出版）和北京大学国家发展研究院周其仁教授的新著《改革的逻辑》（中信出版社2013年出版）。弗农·史密斯是实验经济学之父，周其仁是中国著名制度经济学专家，笔者在这里进行的借花献佛式的分析正是站在这两位经济学大家的肩膀之上的。

只要是一说到顶层设计，很多人就立马会想到诺贝尔经济学奖获得者哈耶克（Hayek）所强调的"致命的自负"，于是乎就发自内心对此抱有一种批判态度，想当然地"先入为主"。譬如，很多人就极力批评主张进行市场化改革的经济学家吴敬琏居然赞成和支持跟市场化相对的政府设计。但是，这些人似乎忘记了哈耶克意义上的

"致命的自负"指的是试图对整个经济体制进行全面的设计,试图忽视"发散知识"的作用,试图在理性不及的地方使用理性。在笔者看来,顶层设计说到底跟经济学中的理性有关。弗农·史密斯在他的新著《经济学中的理性》中把理性分成了两种,一种是建构理性,另一种是生态理性。弗农·史密斯指出,"建构理性,适用于个人或团体时,指的是在分析和确定采用某种行动方案比其他备选的可行方案更为合理时所采取的深思熟虑的推理过程。当适用于组织机制时,建构主义指为达到理想的表现而对制度体系进行的深思熟虑的设计过程。后者包括组织机制的'最优化设计',目的是设计出一种有效激励机制,可以影响行动个体在面临多重选择时选择更好的行动方案。生态理性指的是以惯例、规范和不断进化的机制法则形式出现的自然规律,这些规律主宰着人类的行动,是我们文化和生物学遗产的一部分,由人类之间的互动行动产生,而不是来源于人类有意识的设计"。对理性进行了分类和阐释以后,弗农·史密斯接下来进一步指出,"这两个概念本质上并不是对立的;需要强调的是,这并不像有些人认为或喜欢的那样,建构主义者与生态理性之间是对抗的,实际上这两者可以并且事实上可以共同起作用、相互支持。例如,在进化过程中,建构主义者的文化创新能够提供各种变化,而生态学话者生存的过程则负责进行选择。我们会遇到很多两种理性一致的例子,在其他的例子中,它们之间虽存在分歧,但至少是在寻求融合"。

按照弗农·史密斯的观点,通过建构理性设计的制度安排需要经过生态理性的检验。针对同样的问题或者类似的问题,不同的设计者会基于自身的建构主义理性设计不同的制度安排,这些制度安排在短期可能都有一定的有效性,但是在长期需要通过竞争和渐进修补来证明自己能不能在生态系统中适应和生存下来,这种竞争和渐进修补的过程实际上体现了生态理性的作用,不是设计者一上来就能完全设计好的。弗农·史密斯认为,"生态系统不是由任何人的意识设计的,而是在文化进化和生物进化的过程中自然出现的,如本土行为原则、规范、传统和'道德观'等。……如果个人、市场、机制或其他由个体集合形成的社会系统能够适应环境结构,那么便是生态理性。"

顶层设计不像地方创新那样在横向层面上面临多方面的竞争,所以在生态理性的检验上可能会面临先天不足。但是,顶层设计在全局性目标导向上、在防止利益集团俘获上具有天然的优势。在综合考虑其自身的优势和劣势的基础上,顶层设计尤其需要注意以下两点。

第一,顶层设计需要符合经济规律的要求。经济规律有很多,但是其中与顶层设计最相关的就是关于政府与市场关系的规律。这种规律属于诺贝尔经济学奖获得者罗纳德·科斯(Ronald Coase)所开创的科斯经济学的范畴。当然,正如北京大学国家发展研究院巫和懋教授所强调的那样,"一位好的经济学者必须经常留意并思索市场与政府的关系"。市场的运行是有成本的,政府的运行也是有成本的。用周其仁教授在他的新著《改革的逻辑》中的话来描述就是,"最早触动中国经济学家的科斯经济学,重点并不是怎样通过企业组织来节约市场交易费用,而是怎样发展市场经济来节约权力高度集中的国家超级公司及其高昂的组织成本。中国在实践中走出来的改革路子,即分权、重新承认并界定产权、发挥价格机制配置资源的基本功能、确立市场经济的法律秩序、给企业和企业家协调更大的舞台,可以在科斯提供的分析框架里得到最简洁的解释:重新在产权、合约、市场的基础上协调国民经济,花费的代价当然不菲,不过只要改革的成本低于原先国家超级公司运行的成本,经济还是会因此获得增长。在真实成本的限制下,'用一个合约代替一系列合约'所能带来的节约是有限度的,一旦超出限度,得不偿失,那就不妨试试'用一系列合约代替一个组织'吧。"在中国经济发展的新形势下,顶层设计需要在更深的层面上重新思考和应用科斯经济学,况且科斯经济学本身在这几十年里面已经有了突破性进展,具体的进展可以参阅罗伯特·吉本斯(Robert Gibbons)和约翰·罗伯茨(John Roberts)新近编著的《组织经济学手册》(*The Handbook of Organizational Economics*)。这就要求国内经济学工作者有意识地结合中国的具体约束探索新形势下的经济规律,弄清楚新形势下政府与市场之间的新权衡。很明显,符合经济规律的顶层设计更容易克服其生态理性检验不足的劣势。

第二,顶层设计需要有一个接地气的过程。顶层设计的特点是自上而下,设计者对上层的信息把握得比较充分,但相对而言对底层的信息把握得不足,所以需要有一个通过调研和走访了解底层信息的过程。周其仁教授在他的新著《改革的逻辑》指出:"中国这么一个大国,底层的实践丰富得很,这里有这个,那里有那个,到底实际状况什么样,有哪些可能的选择,解决问题的办法又引出了哪些新问题,非有系统而不是零碎的调查研究不可。……有两个力量非常重要。一个力量早就存在,凡遇到困难、有需要解决的大问题,总有人想办法突破。讲到底,每个普通人、普通家庭、企业、基层和地方,总有改善生活、发展经济的愿望,因此总有人出头来面对困难,抓住新的机会。这个力量就是中国经济增长的原动力。另外一个力量在上层建筑里,就是国家机器的方方面面,对底层的、地方的自发改进和改革的做法,给予合法承认、保护、完善、提升,使之成为政策、成为正规的制度。"周其仁教授实际上强调顶层设计需要尊重民间智慧,从民间智慧中寻找解决问题的合理方案,当然在选择方案的过程中需要着眼于全局的角度,而不是某个特殊利益集团的角度。全国是一盘棋,博弈者首先需要知道自己的棋子所面临的问题是什么,然后才能通盘考虑问题的解决方案以及不同问题的轻重缓急,通过"谋全局"来"谋一域",通过"谋万世"来"谋一时"。

总之,顶层设计需要设计者发挥自身的建构理性,但不能盲目发挥自身的建构理性,而是在尊重经济规律的基础上发挥自身的建构理性。顶层设计需要设计者发挥从全局出发的优势,但是这种优势的发挥是以了解底层情况为基础的。设计者的理性只是诺贝尔经济学奖获得者赫伯特·西蒙(Herbert Simon)所讲的有限理性,虽然设计者想要做到完全理性,但是只能在有限程度上做到这一点。设计者的有限理性决定了原先的顶层设计所形成的政策随着时间的推移可能需要进行适当的调整和修补,这种调整和修补正是因为设计者的理性程度在不断完善。与此同时,底层的形势及其面临的问题也会随着时间的推移发生相应的变化,这种变化也要求原先的顶层设计所形成的政策进行适当的调整和修补。也就是说,顶层设计需要与时俱进。中国发展国民经济的规划五年进行一次,"五年规划"可以从根本上保证顶层设计与时俱进。

(原文载于《经济学家茶座》2014年总第64辑,山东人民出版社2014年6月出版)

政府与市场关系中的四大陷阱

我国已经进入全面深化改革的阶段,在全面深化改革的过程中,一个核心的突破口和着力点就是正确处理好政府和市场的关系。政府和市场都属于治理手段,政府治理和市场治理都是国家治理体系的组成部分,从本质上来看政府和市场的关系其实就是不同治理手段之间的关系,哪一种治理手段的成本低就采用哪一种治理手段进行治理,通过降低治理成本来提高治理能力,通过完善治理手段来实现治理能力现代化。鉴于正确处理好政府和市场的关系的重要性,我们有必要进一步从经济学原理和逻辑上弄清楚政府和市场关系中存在的四大陷阱,并对这四大陷阱加以防范。全面深化改革需要顶层设计,顶层设计需要防范陷阱,防范陷阱需要清楚陷阱的形式和成因,只有防范好陷阱才能更好地推进全面深化改革,降低改革的成本。在这里,我们所说的政府和市场关系中存在的四大陷阱是指功能陷阱、边界陷阱、利益陷阱和阶段陷阱。这些陷阱往往属于认识上的误区,这些误区需要我们在理论上加以厘清、在实践中加以防范,不要让思想上的误区变成实践中的"雷区"。

第一,我们来看功能陷阱。政府和市场都属于组织的范畴,市场是外部组织,而政府则是内部组织。具有组织属性的政府和市场都属于经济体的有机组成部分,本质上是分立的结构,这些分立的结构在功能上是互补的,但是在政府和市场的边界上则是功能替代的。因为我国的社会主义市场经济是从传统计划经济转型而来的,而传统计划经济的流行模式就是用政府替代市场的全能型政府管理模式,所以现阶段还有很多人(特别是很多学者和官员)总是认为政府和市场的关系是替代的,政府可以做市场做的事,靠政府就不用靠市场,靠市场就不用靠政府,从而陷入了政府和市场关系的功能陷阱。功能陷阱实际上是把边界上的替代放到了边界内部,犯了以偏概全、以点代面的错误。在边界内部,政府和市场功能上是互补的,政府发挥作用离不开市场的帮助,市场发挥作用也离不开政府的帮助,政府和市场是如影随形的,犹如一枚硬币的两面。政府和市场的关系就像一个人的手和脚的关系,手和脚都健全才能做得更好。政府要发挥政府的功能,市场要发挥市场的功能,就如同手要发挥手的功能,脚要发挥脚的功能。用手做的事非得用脚去做,用脚做的事非得用手去做,都是越俎代庖的行为;越俎代庖的结果就是肯定存在效率损失,并且越俎代庖的程度越大,效率损失的程度也会越大。现实生活中,在功能陷阱的惯性思维下,很多政府官员总是想着依靠政府的行政调节,总是试图用政府的行政调节来代替市场的自发调节,所以李克强总理讲要"把错装在政府身上的手换成市场的手"。

第二,我们来看边界陷阱。政府和市场之间是存在一个边界的,在边界上不管是让政府发挥功能还是让市场发挥功能都是无差异的,在政府的边界范围内应该让政府发挥作用,在市场的边界范围内应该让市场发挥作用。所以,国内很多学者一直呼吁在处理政府和市场的关系时要分清政府和市场的边界,这种呼吁本身是没有错的。但是,我们不能"只知其一,不知其二"。有一些学者似乎认为,只要把边界划分清楚了,一切问题就都解决了,而实际上,这种一劳永逸的想法是错误的,因为从静态的角度来看待政府和市场的边界问题本身就陷入了所谓的边界陷阱,没有认识到这条边界是动态变化和不断演进的。这条边界并不像我们在日常生活中所熟知的分界线那样清晰和明确,凡是想找到确切边界的努力都属于我行我素的极端自负行为,试图在动态变化的边界上钉入橛子只会像"刻舟求剑"一样"费力不讨好"。边界陷阱可能会导致不同的人有不同的看法,所谓"公说公有理,婆说婆有理",但实际上可能都没有理,因为他们可能都选择了错误的参照点。政府和市场的边界只能由当时当地的具体情况来决定,只能由经济发展过程中效率损失的程度来检验,只要效率损失的程度在可以接受的范围之内,政府和市场的边界划分就是合理的。

第三,我们来看利益陷阱。政府和市场里的行为主体在政府和市场关系演进的过程中可能会起到人为的阻碍作用,阻碍政府和市场边界的界定。由于利益关系,政府的部门和官员可能迟迟不退出自己本来应该退出的领域,从而产生了"政府越位"的问题,政府做了该由市场来做的事。市场中的企业和从业人员从自身利益的角度出发可能会游说政府不要进入其本来应该进入的领域,从而产生了"政府缺位"的问题,市场做了该由政府来做的事。按照经济学里的"俘获"理论,前一种情况属于政府"俘获"市场,后一种情况属于市场"俘获"政府,在"俘获"的过程中,不同政府部门之间可能会有利益争夺,不同企业之间也可能会有利益争夺。这样一来,政府和市场关系中就会存在利益陷阱,边界不能很好界定的原因在于很多人像对待"雾中花水中月"一样对待利益陷阱。举个例子,美国这次发生的由次贷危机引发的金融危机实际上就是因为美国联邦政府没有注意到政府和市场关系中存在的利益陷阱,在金融监管上做得非常不到位,政府在市场激进主义的思潮下被华尔街金融利益集团"俘获"了。尽管我国的情况跟美国不一样,但是我们决不能忽视利益陷阱的存在及其对经济社会发展带来的破坏作用。

第四,我们来看阶段陷阱。政府和市场的关系是跟经济发展的阶段联系在一起的。在不同的发展阶段,政府和市场的关系是不一样的。很多人总是喜欢拿欧美等发达国家的政府和市场关系来说事,还美其名曰"国际标准",实际是这些人在不知不觉中陷入了政府和市场关系的阶段陷阱。发展经济学有一句非常著名和深邃的话就是:"发展中国家的今天不是发达国家的昨天。"①其原因就在于,发达国家在发展的过程中,它的前面并没有领先者,但是发展中国家在发展的过程中,它的前面有领先者发达国家。约束条件的不同,会导致在处理政府和市场的关系时选择的不同。在我国经济的赶超阶段,我们的政府发挥了比发达国家的政府更大更强的作用,这种作用的发挥跟中国式分权的政治经济体制是分不开的。中央政府通过设计合适的政治锦标赛来激励地方政府官员付出发展性努力,唯 GDP 马首是瞻的政治晋升机制在很长一段时间内确实促进了我国经济的快速发展。处于赶超阶段的地方政府容易对哪些产业具有发展前景达成共识,在不确定性低的情况下犯错误的可能性也会非常低。② 在我国建设创新型国家、发展创新型经济的阶段,如果我们继续沿袭以前的政府和市场的关系的惯性思维处理我们当前的问题,我们就会陷入阶段陷阱。处于创

---

① 笔者在跟随北京大学林毅夫教授做博士后期间,林老师在每周例行的讨论会上曾经反复强调这句话,这句话在很大程度上体现了发展经济学的一个最为本质的特征。

② 更加深入的论述可以参见林毅夫教授发表在《经济研究》2007 年第 1 期上的论文《潮涌现象与发展中国家宏观经济理论的重新构建》。

新阶段的地方政府很难对哪些产业具有发展前景达成共识，在不确定性高的情况下犯错误的可能性也会大大提高。这个时候，政府原本承担的一些功能要交由市场来完成，市场在风险配置和风险分担上有着自身无可比拟的优势。

最后，我们来谈一谈如何防范四大陷阱。就功能陷阱来说，一方面，我们需要推进行政管理体制改革，进一步转变政府职能，规范政府行为，建设服务型政府；另一方面，我们也需要完善现代市场体系，加强市场制度和秩序建设，建立和完善社会中介组织，加大对社会中介组织的政策扶持力度。就边界陷阱来说，政府的职能和市场的职能需要像五年规划那样进行阶段性的调整，调整可大可小，以期做到与社会主义市场经济发展相适应和相匹配，调整的原则就是"以变应变"，以"不变应不变"。就利益陷阱来说，我们需要进一步打击和抑制腐败现象，进一步打破政府的部门利益，进一步发挥媒体和舆论的监督作用。就阶段陷阱来说，我们需要进一步完善和改进官员政治晋升考核机制，用合适的指标进行正确的引导，用合理的机制进行恰当的考评。从经济学里的一般均衡的角度来看，这四大陷阱实际上是联系和交织在一起的，"牵一发而动全身"，在防范的时候需要重视全面性和综合性，否则很容易"按下葫芦起了瓢""顾了这头丢那头"。总之，在处理政府和市场的关系时，我们既要围绕"有为政府"做文章，也要围绕"有效市场"做文章，把"有为政府"和"有效市场"有机结合起来，①通过寻找最优结合来把我国治理得更好、发展得更好。

［原文载于《经济学家茶座》2015年第1辑（总第67辑），山东人民出版社2015年4月出版］

---

① 林毅夫教授提出的新结构经济学实际上就是主张把"有为政府"和"有效市场"有机结合起来，但是林老师的相关著作在"有为政府"方面下笔过多，在"有效市场"方面着墨太少。

国资委的边界

许多媒体就国资委进行了讨论,大都认为国资委将使中国国有资产管理体制改革步入一个新的阶段。对此,笔者认为,国资委有三个边界需要注意,因为这是一个多层级的委托-代理问题,基于参与约束和激励相容约束的机制设计就显得相当重要,忽视激励机制的契约安排是很难在长时间内自我实施的。

第一个就是国资委权力的边界。没有权力的界定,就没有一个行事的标准,所谓"没有规矩,不成方圆"。用国资委主任李荣融的话说就是做到不越位、不错位、不缺位。

中国社会科学院金融研究中心的易宪容博士认为,国资委权力的界定要通过社会博弈的形式平衡整个社会利益并借此形成相关的法规。这种演进主义的思路是很有现实意义的,因为它是从自我实施的角度出发的。但是权力的演进界定是很容易出问题的,新制度经济学的分析表明,由于权力存在规模效应(即使超过了本应赋予的那个点),所以事前的适当选择和设计就显得很重要。笔者认为,在整个过程中应该注意事前的规范和事中乃至事后的调整,因为这明显是一种不完全合同状态。

第二个就是国资委的代理人的权力边界。所有契约的实施都要有一个最终的主体,对于国资委而言,它的编制人员(暂定555人)就是它的代理人。信息经济学告诉我们,许多事物在事后都可能存在道德风险,国资委的运行也要考虑到这个情况,不能给国资委的代理人以寻租的机会和权力。

按照经济学上的分析,代理人从某个状态出发,如果能够在不支付更多成本的情况下获得更好的收益,那么他将选择后一种状况,然后寻找更好的资源配置,直到达到无套利状况为止。

这个边界的界定也是一个问题,一则不要给代理人权责不对称的套利机会,二则不能没有代理人绩效评价的客观标准。从这个角度来看,国资委本身就是一个大企业,无论如何,国资委自身的治理结构是一件"事半功倍"的事情,因为它本身存在"放大效应",所以尤其应该重视起来。

第三个就是国资委管理的国有企业的边界。新制度经济学的分析表明,企业和市场的相互替代正是基于双方的交易成本的比较优势进行的,如果企业有比较优势就选择企业,如果市场有比较优势则选择市场。

这个道理也适用于国资委,如果国资委的管理有比较优势就让国资委进行管理,如果市场的治理有比较优势就让市场进行治理,这是市场经济发展的必然趋势。

有学者认为,抓住关系国家经济及安全的命脉可能才是国资委的重大命题,因为只有以国家力量来发展一些重大原战略产业,才是国家的根本。

基于企业的自生能力,林毅夫教授认为国有企业的改革可以依据产品特性的不同而分成如下四种情形来处理:第一类企业,其产品在国防上是必不可缺少的,而且只能由国内自己来生产;第二类企业,其产品有相当大的国内市场,但在国防上不是很敏感,对于这类企业可以采取以市场换资金的策略;第三类企业,其产品国内市场的规模很小,但企业拥有比较强的工程设计和管理力量,这类企业则可以转向生产在国内有市场且劳动力比较密集的产品;第四类企业,其产品没有市场,企业也缺乏工程设计和管理力量,这类企业只能令其破产,退出市场。

国资委是适应市场经济发展的组织制度创新,必将在社会博弈的过程中摸索出一套行之有效的制度安排。笔者认为,这一制度安排必须沿着可以有效降低交易成本的边界进行,按照演进博弈论的说法,这一边界相当于进化稳定策略(ESS),只有这样的契约才能够自我实施而不至于耗费过大的社会成本。

[原文载于《国际金融报》2003年6月3日第三版(专栏)]

国资改革须重信号传递

关于国有企业改革的讨论从来就是一个热点，而关于这一热点的分析随着国资委的成立和运作而不断向纵深发展。笔者想从信号传递的角度思考这一问题，以期得到一些对国资委而言有用的启示和思路。

市场经济的本质就在于能够利用诺贝尔经济学奖得主哈耶克所指的发散信息，并且这些发散信息可以在选择机制的作用下以低成本进行正确的传递。正是由于发散信息能够被及时地应用，偏好以及相对价格的变化才能被相对容易地反映在经济活动中；正是由于发散信息能够被及时地应用，潜在的收益或曰潜在的"社会剩余"才能通过合作被生产出来；正是由于发散信息能够被及时地应用，经济主体才有动力和机会去进行分工和专业化。

一方面，市场在很大程度上通过制造"囚徒困境"（非合作博弈）来防止"锁入效应"，从而促进社会和经济发展；另一方面，市场又通过"科层制度"（合作博弈）来实现好的"纳什均衡"，从而步入良性循环的轨道。简单地说，社会和经济的发展无非倚重于外部的竞争和内部的合作，用句时髦的话说，这两个要素"一个都不能少"。

但是，以上两个方面都是以信号能够被正确传递作为前提的，这就是我们得到的国资委对国有企业进行有效监管的最大启示。

信息经济学的分析表明，在经济活动的过程中，人们必须防范事后的道德风险。很明显，如果存在道德风险的话，信号就很难能够被正确地传递，当然，扭曲程度随着道德风险深度的不同而不同。

国有企业改革的过程就是降低国有企业代理人道德风险的过程，而且这一过程必然伴随着现代企业制度的建立（最好能够演化出来），通过制度安排把相应的作用机制固定下来。企业重建的本质就在于信号能够被低成本地进行正确的传递，并且通过市场的选择机制显现出来，毫无疑问，这一本质最终必然体现在现代企业制度的建立上。

经济学的分析表明，道德风险源于人的自利本性(与"经济人"假设相一致)，其存在的条件有三个：一是利益主体的不一致；二是信息的不对称；三是不确定性。条件一属于内因，条件二和三属于外因。条件一和二是可控的(至少在某些乃至很大程度上是可控的)，条件三则是不可控的。显然，要减少国有企业企业家道德风险，可以同时从两个方面着手，即增加利益趋同性和减少信息不对称程度，事实上，这两点无非是为了使信号进行得以正确传递。

所以国资委进行国有企业改革的第一步就是尽量减少可控或部分可控的道德风险，因为这种风险基本是人为的，事实上，这就是经济学中经常说的"人为加大了道德风险"。

我们可以发现，消除政策性负担正是首当其冲的改革步骤。只要存在政策性负担，道德风险就有人造的藏身之地，信号就不可能被正确传递，预算软约束也就在所难免，建立现代企业制度也就成为一句空话。需要指出的是，在经济转轨的过程中，政府的工作方式也要进行转轨，不要老想着控制资源来做自己想要做的事情，即使是出于好心也往往会办成坏事。

按照林毅夫教授的分析，政策性负担可以分为两种，一种是社会性负担，另一种是战略性负担。不同的政策性负担有不同的解决思路，但是都必须本着信号被正确传递这一精神实质。

只要信号的传递没有被扭曲，资源的配置就不会被扭曲，整个经济的运行就会是有效率的。总而言之，国有企业改革的过程就是纠正信号传递扭曲程度的过程，国资委的作用就在于有步骤、分阶段地解决信号传递过程中出现的问题，通过制度安排和机制设计使道德风险不断向不可控部分逼近。

［原文载于《国际金融报》2003年7月15日第三版(专栏)］

银行改革的轻重缓急

媒体上关于银行改革的讨论可谓"一浪高过一浪",这只能说明银行改革已经到了刻不容缓的地步。累积性的问题已经到了必须解决的时候了,累积性的风险已经到了该化解的时候了,这是大家达成的共识。但是,各路学者和专家在如何改革上却存在着很大的争议,有的认为产权重要,有的认为监管重要,还有的认为专业化运作更重要。当然,争论是很有必要的,因为争论可以把问题和形势看得更清楚。换句话说,如果把争论看成一种博弈的话,那么"口舌之战"无非是为了低成本地寻求博弈均衡解。但是,争论是不能代替银行改革的,等待是不会产生积极效果的,这或许是许多当局者迷惑的地方。

笔者认为,这些争论忽视了一个根本性的问题,那就是没有把问题进行很好的分类。经济学是最讲究分类的,因为只有分好了类才能"对症下药",要知道,"眉毛胡子一把抓"是不顶用的,日常生活中的道理往往也就是经济学中的道理。按照交易成本经济学的分析,我们应该分清两个层次的制度,一个就是宏观层次的制度环境,另一个就是微观层次的治理制度。银行改革的本质就是制度改革,而制度改革又分为制度环境的改革和治理结构的改革。当然,值得再次强调的一点是,银行改革并不是一个等待"万能方案"的过程,而是一个渐进博弈的过程,笔者在前面已经强调过这一点了。

制度环境的改革属于大的方面,不是"三下五除二"就能够达到预期的目的的,因为这只能是一个长期的过程。但是,正是这个长期的过程决定了中国商业银行的收敛方向,换句话说,正是这个长期过程决定了中国商业银行未来的效率。一个国家的竞争优势不能仅仅看眼前的境况,更重要的还是体现在长期的效率上,所以无论如何产权是重要的,市场的选择机制是通过时间这一变量来发挥作用的,这就是人们经常说的"时间能证明一切"。我们不能因为现下没有觉察到(这主要与人的"有限理性"有关)产权的重要性就说它是不重要的,这就是诺贝尔经济学奖得主道格拉斯·诺思在分析西方世界的兴起时给我们带来的最大的启示。银行改革不能从根本上违背这个经济学的基本原理和客观规律,否则只会加大中国经济改革的成本和错失中国经济改革的良机。

我们还应该注意到,制度环境的改革不是哪一家银行所能左右的,用经济学的话说就是,制度环境是不能被作为企业的银行进行内部化的,所以这种类型的制度变迁必然依靠政府和监管机构(银保监会)的强制性来进行推动。换句话说,对银行改革而言,包含监管在内的政府的作用是非常重要的。无论如何,银行改革的过程是不能忽视政府,特别是银监会的作用的,因为通过协调实现效率的过程是离不开"科层权威"的作用机制的,这和诺贝尔经济学奖得主森(Sen)有关的"森悖论"在精神实质上是相同的,政府本身拥有合法限制偏好的权力。

治理制度的改革属于小的方面,是可以被银行内部化的,所以,这是我们近期应该着力进行的改革。治理结构是我们能够控制的一个变量,我们完全可以通过专业化运作来改变银行的绩效。但是这并不意味着"专业化运作重于监管",因为二者属于不同的层次,我们不能说自己能够控制的东西就一定比自己不能够控制的东西重要。无论如何,改革的起点应该从可操作的微观层次出发,林毅夫教授的比较优势和自生能力理论也是这么认为的。

我们可以说,现阶段银行改革的重中之重就是治理结构的改革,因为这样才能比较快收到良好的效果。即使这种效果不是"立竿见影"的,也能够很好地对"外部压力"做出及时的反应以解燃眉之急。但是,我们决不能因此就忽视银行的制度环境的改革,"只见树木,不见森林"。对银行而言,治理结构和制度环境是相互作用的,治理结构随制度环境的改变而改变,二者体现的是一个动态效率的提升机制。这种动态效率有些类似诺贝尔经济学奖得主科斯提出的"企业对市场的替代"或者反过来"市场对企业的替代",虽然并不是一个层次的东西。可是,按照交易成本经济学的分析,郎咸平教授所提出的那五个方面的银行业的改革措施未必能够同银行业的制度环境相匹配,也就是说,不排除匹配失灵而导致运作扭曲的现象。一旦运行过程出现行为扭曲的话，运行效果就不会像预期的那样理想，甚至有可能导致坏的"路径依赖"，后面又要对这个坏的东西进行改革。综合性的改革只能寻求综合性的改革思路，银行改革也概莫能外。

在这里，笔者还是用青木昌彦教授的那句话作为结尾，我们要注意"历时的制度互补性"，一个新的活性选择，有可能不能独立存在，但是如果存在一种互补的制度，或者在另一个领域也发生了同方向的变化，那么在这两个领域之间的相互强化就会为新制度的建立创造出一种契机来。用通俗的话来说就是，银行改革的措施相互配套是很重要的。打个不恰当的比方，绿化要栽树，栽树要保护，刚开始栽的树如果不小心呵护（浇水、防拔等）很可能造成栽得不如死得快。

（原文载于《证券时报·财经周刊》2003年8月10日第七版）

中国资本效率为何不高

中国相对短缺的资本并没有得到有效的利用，这对于扩大内需、解决就业乃至推动经济增长都是很不利的，用一个形象的比喻来描述就是，水库里虽然水源充足，但是田地里干旱的禾苗却得不到应得的灌溉。实际上，这是不符合资本的逐利性原则的。那么，是哪些因素降低了中国的资本效率呢？笔者认为，至少存在以下三个因素。毋庸置疑，这些因素以及其他深层次因素的综合作用会使得情况更加复杂。

第一，有效歧视降低了资本效率。许多学者已经意识到了城乡二元结构对中国发展的阻碍作用，事实上，最本质的原因是城乡之间存在贝克尔意义上的有效歧视。在这种情况下，歧视偏好减少了或者说阻碍了城市的资本同农村的劳动相结合所能获得的净收益。也就是说，资源上的这种配置损害了资本的效率。

这种歧视在其他方面也表现得非常明显，比如民营企业的准入问题、民营企业的融资问题，这往往会导致被动意义上的"布里丹之驴悖论"，陷入渐进式改革的既得利益集团的"现状偏好"困境。中国经济学家茅于轼就曾经多次指出资本和劳动不能结合起来的原因，钱不缺，劳动力也不缺，就是不能有效结合。

第二，盲目投资阻碍了资本效率。盲目投资是一种很普遍的现象，这大约和心理学上的"从众心理"相对应。但是这种在时机把握上的失误却大大降低了资本效率。按照经济学上的分析，这实际上会使得"新资本"变成"老资本"，而"老资本"和"新资本"的作用是不同的，"老资本"的作用要远小于"新资本"的作用。盲目投资相当于拿"新资本"来试错，一试不要紧，"新资本"变成了"老资本"。这种盲目投资既表现在实体经济上，也表现在虚拟经济上。如果说在"短缺经济"情况下盲目投资更多地表现在实体经济中的重复建设上的话，那么在"过剩经济"情况下盲目投资则更多地表现为许多资本无效地游离于虚拟经济之中，实际上，这也是现阶段的生动写照，实体经济和虚拟经济已然有些不协调了，无论如何，一个"头重脚轻"的人是不会有很高的效率的。十六大报告中提出的"要正确处理虚拟经济和实体经济的关系"是很有现实指导意义的。

第三，信用缺失阻碍了资本效率。中国经济学家张维迎教授就认为，决定一个国家的经济发展的因素，除了物质资本（通常意义上的资本，也就是本文意义上的资本）、人力资本外，还有最为重要的社会资本——人与人之间的合作精神、合作能力。实际上，诺贝尔经济学奖得主贝克尔曾经对社会资本有过很好的描述，笔者把他的观点概括为，社会资本是一种非货币形式的货币价值。

信用缺失加大了交易费用，所以是市场经济的天然敌人。根据笔者对新制度经济学的理解，信用缺失会使得经济增长收敛在更高的成本上，更确切地说，收敛在更高的边际成本上。信用缺失加大了资本的使用成本，从而降低了资本效率。

以上三点还可以进行更为深入的分析，第一点实际上是机会平等的问题，再深入一点就是社会公正的问题；第二点实际是企业家能力的问题，再深入一点就是国家体制在企业家能力的导向方面的问题；第三点实际上是信息不对称问题，再深入一点就是社会道德和社会文化问题。

我们相信随着中国经济的发展和转型的深入，这些因素对中国资本效率的阻碍作用会得到缓解并逐渐消除，在解决问题中不断前进是渐进式改革的必由之路。

［原文载于《国际金融报》2003年1月22日第四版（专栏）］

股市难题与渐进改革

尚福林在股市危难之时走马上任中国证监会主席,许多媒体对他面临的挑战进行了充分的报道。因为中国的股市是一个矛盾的综合体,实际情况是,实体经济中的许多现实矛盾都被推进了股票市场。

转型经济学家热若尔·罗兰有句话说得好:"转型遇到了那个众所周知的问题,一个醉汉在门前台阶上丢失了钥匙,却在路灯下寻找,因为路灯下是唯一有光亮的地方。"股市难题和国企难题与这其中的道理是一样的。现在看起来,解决股市难题就必须解决全流通问题,因为这是大家都能看到的所谓的"有光亮的地方"。

理性预期学派认为,只有没有预期到的政策才会产生理想的效果。当股民预期全流通问题应该解决的时候,与此无关的政策只会起到微不足道的作用,而利好政策作用的递减甚至逆转正是对此的一个明证。解决股市难题和重建股民信心是分不开的,关键是解决理性预期的问题,所以现实的措施最好能够围绕这一点采取,不管经济学者对股市"病因"的解释有多么不同。

这样,答案又回到了全流通问题上来了。媒体上已经报道了多种解决全流通的方案,有激进的,有渐进的,也有综合的。但是从中国改革的大思路来看,采用渐进式的改革方式无疑具有优势。众所周知,在渐进主义下,可以通过试验或者局部学习进行有利的选择,当初始局部改革后,全面改革前景足够坏时可以进行早期的逆转,与"休克疗法"的高逆转成本相比,这无疑会降低"路径依赖"的负面作用。

很明显的是,解决股市难题具有很大的总和不确定性(Aggregate Uncertainty),由是,整个过程就会存在时间上的不确定决策。在这种情况下,很容易造成费尔南德斯-罗德里克意义上的反对改革的现状偏好(Status Quo Bias)。换句话说,这里存在一个机会把握的问题,政府很有可能出于求稳在应该把握机会的时候没有把握住机会从而"坐失良机",这样就会加大改革的成本。

事实上,正如一些国外经济学者所注意到的那样,这种情况在国有股减持的过程中已经发生了。由此看来,改革的逆转成本低有好处也有坏处。这是采用渐进方式解决全流通问题所必须注意到的一点。

在解决全流通的过程中必须始终注意最优顺序问题,实际上,这也是渐进式改革过程中的一个非常重要的问题。罗兰认为有三件事情对有一个"正确的"改革顺序是重要的:一是给定顺序的非捆绑式改革计划不应该损失相关的信息特性;二是顺序应该使改革过程事前是可接受的;三是顺序应该以进一步凝聚改革的动力并满足事后政治约束为目标。政府在选择解决全流通的方案时考虑这三件事情还是很有必要的,最好能够找到一个具有兼容性的多赢方案。

国外转型经济学界的研究表明,事前可接受性与事后不可逆转性之间可能存在着潜在的"两难冲突"关系。这样一来,事前可接受性强的方案的事后不可逆转性可能较弱。我们在前面说过,事后不可逆转性可能较弱有可能造成政府把握机会的难度加大,从而在无形中使得改革的成本提高。从这个角度来说,事前可接受性强未必是越强越好。政府在选择全流通方案的过程中也要注意到这一点。

解决股市难题既是消除"燃眉之急"的需要,也是深化金融改革的必然要求。我们相信,在渐进式改革的大思路指导下,新一届金融领导班子有能力解决好这个棘手的问题。

[原文载于《国际金融报》2003年1月7日第四版(IFN时评)]

股市难题经济学分析

股市难题由来已久,正所谓"冰冻三尺,非一日之寒"。实际上,早在尚福林走马上任证监会主席的时候,就有多家媒体对他面临的挑战进行了充分的分析和报道。

那么,股市难题到底难在哪里?最根本的问题在于政府以计划的方式主导股市的发展,为了解决一些企业面临的困境而使股市本身遭遇困境。按照诺贝尔经济学奖得主约瑟夫·斯蒂格利茨的观点,市场和企业都是动态的,非政府计划所能模拟。换句话说,市场和企业都是在演化中的。因此,笔者认为股市难题正是由于演化路径和演化方向出了毛病,而以下的经济学分析正是基于此。

从博弈论的角度来看,股市难题根本的症结在于,政府在发展股市的过程中没有注意整个博弈收敛的方向,也就是说,不是从解决问题的角度出发,而是从掩盖问题的角度出发,从而使整个结果逐步陷入了坏的博弈均衡。

博弈论的分析表明,战略互补性是多重均衡的必要条件。由于战略互补性的存在,对一个行为主体而言,如果其他行为主体选择调整战略,那么他的最优战略也是选择调整;相反,如果其他行为主体选择了维持原有战略,那么他的最优战略也是选择维持原有战略。

分析到这里,我们就可以发现,失误出在政府没有从战略互补性的角度考虑问题,甄别机制和惩罚机制从某种意义上来说几乎失灵,根本就没有发挥应有的作用,结果就自然而然陷入了不好的均衡,和计划经济因为激励机制失灵而陷入低效率的均衡情况类同。

这就是说,我们的股市本身就是存在人为的坏的"路径依赖"的,实际上已经在某种程度上陷进了"锁入效应"。到了这个时候,我们再怎么抱怨历史已经不能起到任何作用了,用交易成本经济学的话说就是,我们必须寻求一种有效的治理机制。套用大家在形容证券市场时常用的"新兴加转轨"的说法，我们必须寻求如何顺利转轨。所以现在的真正问题在于，如何使得博弈从坏的均衡中走出来，"对症下药"，这才是应对股市难题的关键。

近日，证监会和国资委联合发布《关于规范上市公司与关联方资金往来及上市公司对外担保若干问题的通知》，规定在控股股东及其他关联方与上市公司发生的经营性资金往来中，应当严格限制占用上市公司资金。这一措施无疑是为了解决博弈收敛的方向，其实本来早就应该这样了。监管的本质就在于"主动式执法"，在于事前的防范，而不是在于事后的治理。但是我们的监管层却往往没有遵循监管的精神实质行事，所以才导致战略互补性在相反的方向发挥了作用。

根据演化经济学，实际上我们本来应该遵循的思路是，每当某个层面出现问题的时候，我们应该让不完全合同在此层面上逐步完善，包括金融法规的出台和金融创新的出现。就像诺贝尔经济学奖得主莫顿·米勒所说，成功的金融创新的动力主要来自政府各方面的管制和税收政策的变化（即行为主体对政府做出反应），政府在金融活动的创新方面起到了催化剂的作用。这样的话，市场才能够进行良性演化。

反观我们的股市，运作机制存在严重缺陷，主要表现为所谓的"单边市"，没有做空机制和避险工具，只有股价上涨投资者才能赚钱，但是要使股价上涨，就必须靠源源不断的资金来推动。说到底，股市根本就没有进行有效的演化。

从演化经济学的角度来解决股市难题，就要从"可信承诺"和"可信威胁"出发，慢慢提升股市的信心，以期让股市向好的博弈均衡收敛，在此过程中，任何企图唱衰境内股市的说法和做法都是不负责任的。

[原文载于《国际金融报》2003年9月16日第三版（专栏）]

四、
发展和增长的经济学逻辑

中国经济应该如何发展

党的"十六大"报告第四部分论述经济建设和经济体制改革时指出,"走新型工业化道路,大力实施科教兴国战略和可持续发展战略"。这为中国应该如何发展指明了道路和方向。这一道路和方向的选择具有历史必然性,既符合中国的国情,也适应世界经济发展的新形势。

中国作为一个发展中国家,既具有后发优势也具有后发劣势,既要借鉴发达国家的发展经验也要注意自身的特点。说到底,在发展过程中,中国应该充分利用自己的比较优势,当然,这个比较优势既包括外生比较优势也包括内生比较优势。我们认为,这两个比较优势是走新型工业化道路必须打好的两张牌。

正如"十六大"报告指出的,中国在发展过程中要"正确处理发展高新技术产业和传统产业、资金技术密集型产业和劳动密集型产业的关系、虚拟经济和实体经济的关系"。实际上,要正确处理好这一关系就要把握好外生比较优势和内生比较优势的界限和路径。在中国加入WTO的新形势下,我们可以合理利用国内市场和国际市场的要素配置功能,在发展速度和发展效率之间找到一个"最优折中",以求在尽可能短的时间内尽可能高质量地完成中国新型工业化这一艰巨的历史性任务。

只有坚持科教兴国战略才能真正发挥科学技术第一生产力的作用,才能制造出中国的内生比较优势,从而走上现代意义上,尤其是新经济条件下的可持续发展道路。新增长理论的模型告诉我们:国家的竞争表现为人力资本的竞争,人力资本在长期经济增长中起重要作用。然而,人力资本的形成并不具有物质资本的形成所具有的特点,印度的软件行业就是一个很好的例子。套用政治教科书上经常说的一句话就是,"社会主义可以创造比资本主义更先进的精神文明",换句话说,人力资本是可以实现跨越式发展的,这也是我们可以借此塑造自身的内生比较优势的原因。我们可以认为,没有中国的内生比较优势就不可能实现中国真正意义上的新型工业化,因为没有内生比较优势就没有真正的创新,从而也就没有了所谓的自主知识产权,进而不能形成国家的长期竞争优势。

我们在强调内生比较优势的同时也不能忽略了外生比较优势的作用,因为在很长一段时间内,中国会在很大程度上必须依靠外生比较优势进行发展。中国作为一个转型中的社会主义国家,现阶段的工作重心应该放在利用外生比较优势上,只有这样才能解决增长和就业问题,进而逐步解决结构调整问题。前一段时间,媒体上广泛讨论了如何把中国打造为"世界制造中心",其根本方法可以算作外生比较优势原理的应用。当然,另一个典型的应用就是对国有企业进行的改革,目的就是使其符合外生比较优势从而具有自生能力。从外生比较优势到内生比较优势,这是一个渐进的过程。在这个过程中,内生比较优势的作用相对于外生比较优势而言会逐步上升。当然,这与中国渐进式改革的大思路是一致的。事实上,国外转型经济学界的理论研究表明,渐进式改革是一个帕雷托累进的过程。

熊彼特的"创新理论"认为,发展是一种"创造性破坏"。从比较优势的角度进行分析,我们可以认为,"创造性破坏"就是新衍生的内生比较优势把原先的内生比较优势转化成了外生比较优势,更确切地说,是转化成了外生比较劣势。我们应该注意到,这种劣势用在别人手里却可以成为优势,产业升级和产业转移的道理正在于此。当然,外生比较优势和内生比较优势的区分并不是绝对的,而是相对而言的。实际上,内生比较优势和外生比较优势是一个交互作用的动态过程,这个道理正好体现于"十六大"报告中所指出的"坚持以信息化带动工业化,以工业化促进信息化,走出一条科技含量高、经济效益好、资源耗费低、环境污染少、人力资源优势得到充分发挥的新型工业化路子"。

[原文载于《国际金融报》2002年11月22日第四版(IFN时评)]

经济增长要"回归"经济发展

经济增长要逐步"回归"于经济发展,这是当前中国经济发展的重大命题。

GDP 的内在缺陷使得中国的 GDP 承受着它本来不应该承受的压力,一个就是所谓外部的"国际压力",另一个就是所谓内部的"行政压力",这两者使得中国的 GDP 承受着"不能承受之重"。不管是为了实现中国经济的外部均衡,还是为了实现中国经济的内部均衡,中国的经济增长都必然会催生新的发展观,事实上,中共十六届三中全会首次提出了"坚持以人为本,树立全面、协调、可持续的发展观"。树立和落实科学发展观是中国经济发展到一定阶段的必然要求,是中国经济转型的必然要求。当然,科学的经济发展观必然包含正确的政绩观,因为在现阶段中国经济发展的进程中,没有正确的政绩观就不可能有科学的发展观。科学的发展观离不开正确的政绩观,这是由中国的政治经济体制内生决定的。

马克思把经济增长分为外延式和内涵式,也就是对应于我们经常说的粗放型和集约型。诺贝尔经济学奖得主阿瑟·刘易斯把经济机会分为外生的经济机会和内生的经济机会。在经济发展的初始阶段,为了利用外生的经济机会而搞外延式的增长是符合比较优势原理的,尽管要付出一定的代价——在很大程度就是所谓的"拿资源换增长"。但是,当经济发展到一定阶段以后,这些外生的机会就会逐渐失去可持续利用的空间,再走外延之路就不符合我们的比较优势了。许多学者已经认识到,现阶段中国经济正在面临着资源约束和环境约束,用经济学的术语来说,这些局限条件已经成为转型理论所说的"有效约束"或者激励理论所说的"紧约束",对经济发展的束缚作用越来越大。这个时候就需要我们逐步利用内生的经济机会,学会走内涵式经济增长的道路,用经济增长理论的话说,从注重生产要素的投入到注重生产技术的进步,从注重物质资本的数量到注重人力资本的质量,从而在整体意义上提高全要素生产率(TFP),这才是决定长期经济增长和经济发展的关键。

经济和社会的协调发展是中国社会经济稳定的必然要求。但是,中国在经济内部、社会内部以及经济和社会之间已然出现了某种程度的"断层",忽视这些"断层"现象的存在是不符合中国国情的。笔者认为,现阶段最为显见的"断层"现象主要表现在两个大的方面。

城乡二元结构是以城镇化严重滞后于工业化为特征的,结果一方面使得在城镇已经达到"需求饱和"的商品,特别是耐用消费品不能够在农村形成"有效需求",另一方面也使得农村的农产品出现了严重的城市"需求制约",这两个方面形成了既损害城镇也损害农村的"配对效应"。这一"配对效应"对中国经济增长的阻力不能不引起我们的注意,因为笔者认为,它在某种程度上是中国经济社会中其他"断层"的根源,也是制约中国经济增长潜力的重要原因。消除城乡差别,促进经济增长是经济发展的必然要求。和城乡差距相类似的还有区域差距,但是其性质在经济学原理上和城乡差距异曲同工。

实体经济和虚拟经济之间也存在某种程度的"断层",这一"断层"是形成中国经济中的许多反常现象乃至悖论的重要原因。中国的一些资本宁肯滞留在虚拟经济领域,也不愿意进入实体经济领域,这在某种程度上和"暴利"预期有关,用激励理论的话说,这种预期提高了资本的"参与约束",使得中国本来相对稀缺的资本不能得到有效的利用。预期对经济发展的作用不能不引起我们足够的重视。中国的商业银行本身就存在高额储蓄有待分流,但是中国却又不断引进外国直接投资(FDI),中国实体经济领域的国内资本不能找到有利的"投资机会"从而创造出有效的"就业机会",而FDI却能够形成相关的"匹配",因此国外资本和国内资本的异质性(至少在收益率方面)表现得异常明显。诺贝尔经济学奖得主西奥多·舒尔茨一直强调的观点——资本的同质性假设是资本理论的灾难,在转型中的中国得到了验证,当然这和著名经济学家罗纳德·麦金农的分析相一致。笔者认为,这在很大程度上归咎于由城乡之间以及区域之间有害的"配对效应"导致的天然的市场分割。这种天然的市场分割和人为的市场分割所导致的"诸侯经济"还有所不同,当然天然的市场分割也和中国还没有培育出好的企业家精神从而不能对经济失衡做出有效反应有关。

经济的发展过程是人的发展过程，不管是经济增长还是社会转型，归根结底都要"以人为本"，事实上，"以人为本"乃是制度变迁的必然结果，当然反过来"以人为本"也会促进制度变迁。诺贝尔经济学奖得主阿玛蒂亚·森认为，经济发展就是人的权利的扩展，就是人的经济约束的减少，就是人的自由的增加。用最明了的话来说就是，经济发展促成了人的解放。不管是从理论层面还是从现实层面上来讲，经济发展都要求"以人为本"，换句话说，"以人为本"是科学发展观的题中应有之义。

总而言之，经济增长"回归"经济发展是中国经济演进到一定阶段的必然要求，是解决中国经济失衡问题的内在要求，是中国经济稳步转型的内在要求。让中国的经济发展形成一个良性的循环和正向的反馈，让中国的经济增长潜力发挥出来，是国家长期发展战略的必不可少的组成部分。逐步消除对于经济增长造成消极影响的因素，逐步释放新的经济发展能量，是中国经济在世界经济的舞台上继续创造"奇迹"的重要条件。

（原文载于《中国经济时报》2004年4月1日第五版）

发展的约束

经济发展和经济增长的诱惑力很大,所以很多"重量级"学者对发展和增长问题"流连忘返",从不同视角予以阐释和分析。"发展是硬道理",所以发展是经济学的一个永恒话题,虽然不同时代发展的内涵不一样。亚当·斯密用"看不见的手"研究国民财富,曼库尔·奥尔森用"集体行动的逻辑"研究国家兴衰,诺贝尔经济学奖得主道格拉斯·诺斯用"制度变迁的规律"研究经济绩效,再加上那些纯粹研究经济增长的诺贝尔经济学奖得主罗伯特·索洛、西蒙·库兹涅茨和小罗伯特·卢卡斯,复又加上纯粹研究经济发展的诺贝尔经济学奖得主冈纳·缪尔达尔、西奥多·舒尔茨和阿瑟·刘易斯。在发展的道路上学者们为研究经济发展和增长问题"前仆后继",所以"筑成"了发展经济学和增长经济学上的一道道美丽的风景线。

张五常教授说传统发展经济学是错了的,于是谢作诗出来解释张五常为何说传统发展经济学是错了的。这种解释使我想起中学时候的语文老师,他们自己做不出来某道题目时,就会在参阅试卷答案的情况下,找出来各种理由来"说明"为什么要"敲定"这个选项,偏偏有时候参考答案出了错,于是老师编造出来的"正确"理由也就很"没面子"。因为这种事情时不时地发生,所以我们也就知道了语文老师有时候就像"算命先生"一样,后来我想,这大概是由语文的学科性质决定的。

张五常教授说传统发展经济学是错了的,不是因为传统发展经济学没有一个国家理论,不是因为传统发展经济学没有信息经济学,也不是因为传统发展经济学没有产权和交易成本经济学。我们怎么能够用"事后"来要求"事前"呢!如果传统发展经济学真的有错的话,错就错在了传统发展经济学忽视了发展的约束,错在了不是从实际情况出发。不管是数理世界的经济学,还是真实世界的经济学,不管是主流的经济学,还是非主流的经济学,都得找出事情的约束条件,都得在各种成本的两难冲突之间进行折中,因为所有经济理论给出的答案都是在某种约束条件下给出的,不管这种约束条件是在理想情形下存在的还是现实情形下存在的,所以经济方案和经济政策不是"放之四海而皆准"的(除非四海之约束皆是相同的)。

寻找发展的约束比寻找发展的理论更难,因为理论属于"硬知识"或"编码知识",而约束条件往往属于"软知识"或"此在知识"。但是搞经济学的学者们往往有一种"济世安民"的情怀,有一种社会工程学的思维,这就是诺贝尔经济学奖得主詹姆斯·布坎南所说的"名流心理",经济学家有一种功利主义错觉,一直认为自己在智力上优于没有掌握必要的分析能力的普通人。诺贝尔经济学奖得主哈耶克把放弃约束的建构主义行为称为"自负",程度极深的(试图从整体上重构制度)就成了"致命的自负",但是哈耶克本人从来就没有否定机制设计,不过建构要在组织范围内,而不是在自发秩序的范围内。要知道,约束条件犹如"病根",找不到病根就乱开"处方"的医生绝不是什么好医生,找不到约束条件却极力"推销"自己理论的经济学家也不是好经济学家。笔者认为,张五常教授所批评的传统发展经济学只是发展的理论没有和发展的约束结合起来的经济学,只是也只有从这个角度来看,传统发展经济学才是错了的。

真实世界的经济学比数理世界的经济学更容易接近约束条件,但是数理世界的经济学比真实世界的经济学更容易接近真理,这或许就是被杨小凯称为"二道贩子"的约瑟夫·斯蒂格利茨获得了诺贝尔经济学奖而"一道贩子"张五常到目前为止只能"干瞪眼"的原因。当西奥多·舒尔茨从现实出发认为传统农民也是十足的经济人的时候,当冈纳·缪尔达尔从现实出发认为欠发达国家的消费也是一种投资的时候,他们的发展理论才能和发展约束融为一体。"没有调查就没有发言权",对于制定政策的人和能够影响政策制定的人来说都是正确的,"闭门造车"的理想在充满交易成本的现实面前"碰壁"的试错成本并不能被负责任地"内部化",所以经济学家"欠债不还"的现象时有发生。

西奥多·舒尔茨所批评的发达国家的经济学家利用自己在理论生产方面的比较优势"出口"理论的做法,著名转型经济学家雅诺什·科尔奈也注意到了。无疑,许多发展中国家发展的失败以及许多转型国家转型的失败,都是因为轻易相信了"外来的和尚会念经",而这些外来的和尚只看到了理想机制的作用,而没有看到这些理想机制度借以发挥作用的约束条件。即使是"当局者迷,旁观者清",参加博弈的也是当局者而不是旁观者,当局者的约束条件(交易成本)岂是旁观者能够全部清楚的!正如迪克西特的交易成本政治学所认为的:"很多看起来没有效率的结果事实上可以被理解为受各种交易成本约束的后果,或者被理解为为解决这些交易成本而进行的可以接受的尝试。"

  看不到发展的约束却找到了发展的答案,答案正确的可能性只能像某些影片的开头字幕上写的"本故事纯属虚构,如有雷同纯属巧合"。理论必须接受约束条件的修正,而不是约束条件接受理论的修正,"实践是检验真理的唯一标准"。中国经济发展"冰火两重天"的现象非常普遍,无疑,这种现象的背后隐藏着的约束条件也是"冰火两重天"的。高小勇喜欢"先天下之忧而忧"地比较地方发展机制的"孰优孰劣",许多时候优劣是看不出来的,因为按照交易成本经济学大师奥利弗·威廉姆森的低效率"二分观","可修复的低效率"毕竟会在竞争中逐步修复,"不可修复的低效率"到头来各地区都是一样的。

  改变发展的约束是发展的硬道理,事情就是这么简单!

[原文载于《经济学消息报》2004年5月21日(NO.594)第七版]

经济发展的思潮维度

最近世界银行高级副行长兼首席经济学家林毅夫教授的英文著作《经济发展与转型：思潮、战略与自生能力》(*Economic Development and Transition*：*Thought, Strategy, and Viability*)由剑桥大学出版社(Cambridge University Press)正式出版，同名中文版已于2008年6月由北京大学出版社出版。在英文版中，道格拉斯·诺思(Douglass North)、加里·贝克尔(Gary Becker)、罗伯特·福格尔(Robert Fogel)、迈克尔·斯彭斯(Michael Spence)和约瑟夫·斯蒂格利茨(Joseph Stiglitz)等五位诺贝尔经济学奖获得者联袂对这本书进行了推荐和赞扬。大家都知道，这本书是林毅夫教授受邀到英国剑桥大学所做的马歇尔讲座(Marshall Lectures)的讲稿。马歇尔讲座在国际经济学学术圈内久负盛名，受到邀请的经济学家中有很多已经获得了诺贝尔经济学奖。林毅夫教授为什么能被剑桥大学邀请做马歇尔讲座呢？很多人说是因为林毅夫教授处理的问题是中国经济问题，随着中国经济实力的发展和强大，世界上越来越多的国家想要了解中国发生的情况以及对中国发生情况进行的理论阐释。实际上，由于这种观点只强调外因而忽视了内因，所以最多只能算说对了一半，笔者认为更为根本的原因在于林毅夫教授善于从中国面临的实际约束条件出发来构造自己的理论，并借此解释中国经济现象背后隐藏的经济学逻辑。尽管林毅夫教授很有可能不同意国际著名经济学家杰弗里·萨克斯教授的学术观点(特别是在经济转型方面的观点)，但是林毅夫教授在很大程度上走的确实是杰弗里·萨克斯(Jeffrey Sachs)教授所说的"临床经济学"的路子，而不是走诺贝尔经济学奖获得者罗纳德·科斯(Ronald Coase)所批评的"黑板经济学"的路子。

"临床经济学"是杰弗里·萨克斯教授在他的新作《贫穷的终结——我们时代的经济可能》(世纪出版集团上海人民出版社2007年8月出版)中所提出的一个新术

语。萨克斯教授提出这个术语是为了强调"好"的发展经济学和"好"的临床治疗学之间的相似之处。当然,萨克斯教授之所以能够把经济学和医学联系起来,主要是因为他的太太是一名儿科医生,他从自己太太诊断和处理儿童疾病的过程中受到了启发,这跟曾经作为外科医生的弗朗斯瓦·魁奈(Francois Quesnay)受医学的启发而创立了重农学派有异曲同工之妙。萨克斯教授认为,"临床经济学"就是为发展中国家之所以贫困的原因进行差异化的诊断,然后在差异化诊断的基础上进行差异化的治疗。指导实践的理论必须从实践中来,也必须到实践中去,闭门造车的理论是不能指导实践的。正如萨克斯教授所指出的,尽管我们在课堂上学到了很多高级经济学(比如高级微观经济学、高级宏观经济学和高级计量经济学)的分析工具,但是我们并没有学到如何将这些工具运用到具体情况,临床经济学的目的就是"以更加有效的方式来训练发展实践者,使他们理解贫困形成的原因,并开出适合每个国家具体情况的药方"。从这个意义上来说,林毅夫教授的新著《经济发展与转型:思潮、战略与自生能力》正是基于中国经验的"临床经济学"。

"临床经济学"的要义就是从现实的约束条件出发来寻找治理现实问题的答案,这正是林毅夫教授所坚持的,但是林毅夫教授所走的路又超出了"临床经济学"本身。问题的关键在于,我们所使用的理论是不是适用于我们所要解决的问题。正如经济学中经常被引用的笑话所讲的,我们不能在灯光下寻找我们在黑暗处丢失的钥匙。如果我们所使用的理论不适用于我们要分析的问题,那么不管我们再怎么努力也还是不能解决我们想要解决的问题。虽然大家都知道锁是锁在门上的,但是如果我们没有"正确"的钥匙,还是照样打不开锁。为了找到"正确"的钥匙,我们就需要发展出新的理论。萨克斯教授的"临床经济学"反思的是"歪嘴和尚念歪了经","经"虽然是真的,但是"歪嘴和尚"不知道现实中的具体约束是什么,所以把"真经"念歪了。林毅夫教授反思的则是"正嘴和尚念了歪经","和尚"虽然是好的,但是"经"是歪的,所以再得道的"和尚"也没有办法把"经"念正。"经"是什么?"经"就是占支配地位的社会思潮。占支配地位的社会思潮会对全社会的人产生支配性的影响,往往使全社会的人认为按照这种思潮做事就是正确的,不按照这种思潮做事就是错误的。林毅夫教授的新著《经济发展与转型:思潮、战略与自生能力》所要强调的正是经济发展的思潮维度。

我们接下来要问:"歪经"是从哪里来的呢?错误的占支配地位的经济发展思潮[比如 Rosenstein-Rodan(1943)、Nurkse(1953)和 Hirschman(1958)提出的克服市场失灵的经济发展理论]是怎样产生的呢?既然这样的经济发展思潮是错误的,它为什么还占据支配地位呢?难道全社会的人都不能识别出它的错误吗?笔者认为,错误的经济发展思潮之所以能够在一个社会中占据支配地位,除了林毅夫教授所强调的政治领导人的有限理性以外,另一个很重要的原因就是迷信"外来的经是好的"。但实际情况往往是,"外来的经"在提出和形成的过程中严重忽视了发展中国家所面临的真正约束条件。其实,发展中国家所信奉的经济发展理论并不是发展中国家自己"生产"出来的,而是从发达国家"进口"的。正如林毅夫教授的老师诺贝尔经济学奖获得者西奥多·舒尔茨(Theodore Schultz)教授在《报酬递增的源泉》(北京大学出版社 2001 年 8 月出版)一书中所说,"发展经济学往往是由住在高收入国家的经济学家创造出来的。这些人没有农业方面的知识,他们的理论是为出口而建立的"。这些经济发展理论在构建时就是从发达国家的实际情况出发,而不是从发展中国家的实际情况出发,即使我们把发展中国家的实际约束放在这些经济发展理论里面,也往往因为背后的作用机制并不一样而不能解决发展中国家所面临的实际问题。

我们知道,经济学里在研究技术变迁时有一个"适宜技术"的概念。对发展中国家来说,并不是要引进发达国家的最前沿技术,而是要引进适合发展中国家的那些并不怎么前沿的技术,并且即使是这些不怎么前沿的技术也还要在流程上进行适合本土条件的创新,以图节省成本。比如,在劳动力成本上具有比较优势的国家往往会在劳动对资本的替代方面改造引进的技术,在某些环节上使用更多的本国具有比较优势的劳动力。但是,经济学里并没有一个"适宜理论"的概念,人们往往认为越前沿的经济学理论就越好,越前沿的经济学理论越能解决现实中的问题,而实际情况往往不是这样。正是由于没有"适宜理论"的概念,所以人们很容易迷信在发达国家占主流地位的某些经济发展理论,这些经济发展理论也就成为发展中国家经济发展时的信条甚至教条,发展中国家根据这些经济发展理论来制定发展战略和发展政策时就自然会产生各种各样的问题。林毅夫教授在新著《经济发展与转型:思潮、战略与自生能力》中所强调的就是,思潮影响发展战略,发展战略决定制度安排,制度安排决定经济绩效。正是这种因果机制表明了经济发展本身有一个思潮维度,忽视了这个维度我们就很难把握发展中国家许多现象背后的真正的经济学逻辑。

当然,思潮对经济发展的影响离不开政府的作用,因为思潮对经济发展的影响最终必然通过思潮对政府官员的影响表现出来。这样一来,我们就遇到了宏观经济学之父约翰·梅纳德·凯恩斯(John Maynard Keynes)在《就业、利息与货币通论》的结尾处所说的那句名满天下的话:"经济学家和政治思想家的思想,不管其正确与否,都比通常所认为的力量更大,事实上,世界是由他们统治的。掌权的疯子,道听途说,从若干年前的拙劣的学者那里获取疯狂之念。我确信,既得利益集团的力量,比起思想的潜移默化的力量来,被大大地夸大了。……但或迟或早,不论是好是坏,危险的是思想,而不是既得利益。"林毅夫教授基于中国经济发展的经验所得到的结论就是,思潮远比既得利益来得重要,流行的思潮可以很容易造就所谓的既得利益,但既得利益却很难造就流行的思潮。流行的思潮通过影响当时的政府官员来塑造和型构当时的制度,所以制度变迁的过程首先是思想解放的过程,而思想解放的过程扩展了人们在行动过程中的合意的选择集。

毫无疑问,阻碍经济发展的因素有很多,萨克斯教授在《贫穷的终结——我们时代的经济可能》中就列出了地理因素、财政陷阱、政府失灵、文化障碍、地缘政治、缺乏创新、人口陷阱,比著名经济学家达龙·阿塞莫格鲁(Daron Acemoglu)教授和丹尼·罗德里克(Dani Rodrik)教授所列出的因素还要多很多,但是萨克斯并没有分清哪些决定因素是内生的,哪些决定因素是外生的,所以他在论述时容易犯"眉毛胡子一把抓"的毛病。林毅夫教授经常提醒我们要记住,内生的因素是我们不能随便改变的,外生的但不可改变的因素对我们来说没有多大的意义,外生的且可变的因素对我们来说才有重要的意义。但是当我们明白经济发展存在一个重要的思潮维度以后,我们就会沿着这个维度寻找那种外生的且可变的决定因素。我想这正是林毅夫教授在《经济发展与转型:思潮、战略与自生能力》一书中把"思潮"放在"战略"和"自生能力"前面最为重要的原因。

[原文载于《经济学家茶座》2009年第5辑(总第43辑),山东人民出版社2009年11月出版]

如何避开中国经济发展的"四大陷阱"

中国在经济发展过程中需要识破和谨防的"陷阱"多矣,林毅夫提醒我们在这个过程中要注意四个"陷阱":"欲速则不达的陷阱",主要是指忽视我们的比较优势,去实施赶超战略,导致政府用各种扭曲的手段,扶持没有自生能力的企业发展没有比较优势的产业,从而使得资源配置效率非常低;"专做扬汤止沸不做釜底抽薪的陷阱",主要是指,改革开放之前政府奉行赶超战略,已经做了很多的扭曲,在取消这些扭曲时,我们经常忘记这些扭曲是内生的,而把这些内生的扭曲现象当成没有效率的直接原因,从而去改进那些内生现象;"好心干坏事的陷阱",主要是指,我们今天崛起的环境比美国当年崛起的环境要差,在这一过程中会遇到很多不利的外部因素,在此情况下,民族主义就会高涨,可能会让中国失去用比较优势发展中国经济的机会;"试图简单用外国理论结合中国实际的陷阱",主要是指,中国是转型中的发展中国家,其经济结构、体制条件跟发达国家不一样,如果试图简单地用那些在发达国家兴起的理论来指导中国实践,就会犯很多的错误,对中国改革开放不是推动,而是帮倒忙。从表面上看,四个"陷阱"是由四个"猎人"布置的,政府有之,企业有之,民众有之,经济学人有之。

四个"陷阱"既出,兹分论之。

好制度不是一天建成的,是逐渐演化而成的,演化需要时间,中国正好利用这个时间把自身的比较优势发挥出来,而发挥比较优势的过程也是制度完善的过程——制度的完善离不开比较优势的发挥乃是因为制度规则是在社会博弈中逐步形成的。"磨刀不误砍柴工",比较优势恰恰起了这样的作用。"欲速则不达的陷阱",除了包含所谓的经济赶超上的"欲速则不达",还包括制度赶超上的"欲速则不达"。但是,在经济发展的过程中,我们最担心的是掩盖问题——企图用经济发展来弥补制度建设,把本来应该"齐头并进"的东西搞成了"单兵突进"。可持续发展首先必须是由良好的制度支撑的发展,"资源瓶颈"和"制度瓶颈"是相互作用的——特别是当外生的机会被利用得差不多的时候,制度和生产永远是相辅相成的。

企业的自生能力实质上是企业的边界问题,政府、企业、市场本来应该属于"分立结构"(功能上互补边际上替代的组织),政府和企业本来应该通过市场这种自发秩序的纽带按照自己的规律做出自己的一阶选择。但是,选择了赶超战略的政府却代替企业做出了一阶选择,企业的政策性负担以及预算软约束很大程度上都是由政府的选择内生的。如果企业的要素禀赋结构水平被人为提升得过快,企业的资本深化速度被人为提升得过快,那么企业的资产专用性程度就会提高得过快,这样就会导致过多的纵向一体化,市场的功能就会被人为地内部化,交易成本就会被人为地提高。这种一阶关系选择上的失误会阻碍市场化的进程,从而由过大的交易成本引起过大的试错成本,不管这种试错成本是由道德风险引起的还是由逆向选择引起的。由一阶关系选择上的失误所形成的企业不可能具有真正意义上的自生能力。在一阶选择不能使成本最小化的情况下,企业的二阶选择越是想使自身成本最小化越有可能得到意想不到的扭曲。这就是所谓的"扬汤止沸的陷阱"。企业自生能力的提高除了要正确界定企业的边界,还得要正确界定政府的边界,政府不能替企业做一阶选择。

好心干坏事是因为不懂得事物的规律,规律在任何时候都是硬约束,不尊重规律就得付出试错成本,这个试错成本就是所谓的"坏事"。和企业有企业的边界,政府有政府的边界一样,人的主观能动性(特别是理性)也有自己的边界,忽视这一边界就会陷入"好心干坏事的陷阱"。理性本身就是进化的产物,在理性不及的地方使用理性,就是试图用"建构论理性主义"替代"进化论理性主义",这是一个理性的过度前向问题——把理性超前使用的问题。理性的过度后向问题——把理性超后使用的问题,把开放社会等同于部落社会,把爱国主义等同于部落精神,把抽象利益等同于具体利益,也应该引起我们的注意。我们之所以改革就是因为我们遭遇了理性超前使用的困境,我们之所以开放就是因为我们遭遇了理性超后使用的问题。诺贝尔经济学奖得主哈耶克早就给我们敲响了警钟,可是却有许多中国学者把这误读成了"哈耶克之套"——把不同约束条件下的理论应用当成了理论本身的"水土不服"。

经济学人应该明白,经济理论都是既定约束条件下的理论,不知道国外理论的约束条件而套用国外理论解决中国的实际问题,犹如"盲人骑瞎马,夜半临深池",这很有可能造成"双重危险"的"配对效应":经济理论得不到发展,并且实际问题也得不到解决。找到了中国经济的约束条件,才能解决中国经济的实际问题,才能从中国的实际问题中提升出理论,但是在这个过程中借用国外理论的工具也是必需的,因为没有这些工具就很难求解中国经济约束条件下的目标函数,"训练有素方有成"。中国经济改革需要的是既懂中国约束条件又能使用国外理论工具的经济学人,如果偏废一方的话,就可能陷入"简单用外国理论结合中国实际的陷阱"或者陷入"用事实解释事实的陷阱"。经济学人的作用在于科学解释,没有科学解释就更谈不上合理预测,但是,再精明的经济学人也不比市场更高明——哈耶克曾屡次强调这一点,今天仍值得我们再次强调。

(原文载于《中国经济时报》2004 年 10 月 29 日第五版)

"增长悖论"的经济解释

许多国内学者已经注意到了一个非常耐人寻味的现象：即使中国经济有一个较为快速的增长，但社会中一定比例的人却不能够从中受益；但是如果没有一个较为快速的增长的话，社会中的大部分人都会从中受害。这个现实背后隐藏的经济学故事就是我们所说的"增长悖论"。"增长悖论"意味着中国经济增长与就业增长之间存在着非一致性，也就是说，一方面经济保持较快的增长，另一方面就业增长率却不断下降。对此，学术界有多种不同的解释。

技术进步论认为，中国的技术进步通过其内在的创新机制以及扩散机制把生产可能性边界向外推移（即提高了潜在 GDP 增长率），与此同时，也提高了资源的配置效率，从而推动了中国的经济增长；但是，由于中国的资本深化速度过快，使得资本对劳动的吸收能力大为削弱，从而降低了就业增长率。此外，我们还应该看到，资本深化速度过快还会降低中国的经济增长速度，从而对中国的长期经济增长不利。

结构调整论认为，中国现在的经济增长不是一种内生的经济增长，也就是说，中国的经济增长不是"自主型增长"，而是一种"调整型增长"；中国就业增长率的下降正是由产业结构和所有制结构的快速调整所致，因为在这个过程中就业结构也会发生相应的调整，换句话说，就业下降或者说失业上升是结构调整的必然结果或者说是必要成本。结构调整论能够解释中国的许多特殊现象，可以当作中国经济学界的一根最有用的"稻草"。

有效劳动需求论认为，中国的经济增长带来了相应的就业增长，但是，增长在很大程度上只是使得原来已经处于有效就业状态的职工的劳动工时增加，表现为劳动效率和质量的提高，而不是表现为劳动者数量的增加；再有就是，即使有劳动者数量的增加（如外来民工流入城镇就业岗位和自我雇用），也常常因为无法进入官方的统计数据而使得城镇登记失业率看起来不断上升。所以,整个过程就会表现为所谓的"增长悖论"。

笔者认为,以上三种分析在某种程度上都很有道理,问题的关键在于:中国经济增长的力度不够大(至少没有达到潜在增长率),不足以弥补由于激励机制的提升和技术进步的作用而使劳动效率提高以外的部分。从这个意义上来讲,中国的经济增长是有潜力的,这就是许多经济学家对中国的经济增长持乐观态度的一个主要原因。从这个角度出发,中国的经济亮点必须从就业方面去找,不管是"效率型就业",还是"数量型就业"。

根据新古典经济学中的增长模型,我们可以知道,经济增长可以促进就业增长,而就业增长又可以反过来促进经济增长,从而使得两者之间存在一种"加强效应"。但是中国的经济增长和就业增长之间还没有形成一种良性循环,从而在很大程度上陷入了一种坏的均衡。从这个意义上来讲,"增长悖论"实质上是一种"锁入效应"。

对目前的中国来说,在考虑经济增长的同时,政府应该把更大的注意力放在就业增长上,只有这样才能够打破"增长悖论"。

江泽民同志在十六大报告中指出,就业是民生之本,解决就业问题是中国当前和今后长时期内重大而艰巨的任务。劳动和社会保障部有关负责人也在日前表示,中国将着重从五个方面开辟就业门路。

我们应该看到,中国的内生经济增长乏力的最根本的原因就是内需不足,而内需不足的一个非常重要的原因就是就业不足。"解铃还需系铃人",我们可以说,解开"增长悖论"这个铃铛还是需要从系住这个铃铛的"就业"入手。

[原文载于《国际金融报》2002年11月29日第四版(专栏)]

经济增长须重激励机制

近期的媒体关于中国经济增长的讨论已经进入了很深的层面,以纯粹的 GDP 的增长作为整个社会的发展目标显然越来越受到许多学者的质疑和批评,事实上,西方经济学中早已发展出了绿色 GDP 这样的指标,而最近的新制度经济学甚至提出把闲暇(笔者认为这最好以劳动供给曲线达到拐折点为前提)作为一种收入计入 GDP。

中国政府重视 GDP 的数量而轻视其质量是一个不争的事实,虽然这个事实并不是出于政府的本意。这种"唯 GDP 增长马首是瞻"的做法内生出了激励机制的扭曲,特别是对官员的激励机制的扭曲。

在激励机制扭曲的情况下发展经济,很可能造成的一个结果就是,经济越增长系统扭曲越严重,从而导致整个社会生产力遭到的破坏越来越严重。这其中的道理很简单,成语"杀鸡取卵"就是对此种现象的一个极端意义上的生动描述。

为了经济增长而经济增长就如同一个人为了吃饭而吃饭一样,很有可能"食而不知其味",根本就没有考虑人民生活中的不同"偏好",用诺贝尔经济学奖得主贝克尔的话说就是,忽视了不同的人有不同的"口味",从而不可能达到真正意义上的全面的经济发展。

激励机制在经济发展中的作用是非常重要的,这是一个不容置疑的事实。笔者认为,所谓的制度变迁正是建立在激励机制的基础之上的,因为激励机制考虑到了偏好和相对价格的变化,所以才能够"自动"地促进经济增长,不管是长远看来从好的角度还是从坏的角度。

以诺贝尔经济学奖得主诺思为代表的新制度经济学家认为,制度是经济增长的关键,但是这只考虑了问题的一个方面,用经济学的术语说就是,这只考虑到了制度的修改和完善(精细化)的"微观创新",而没有考虑"组织的宏观创新",换句话说,它没有考虑制度变迁或曰体制外的重要性,而实际上,"微观创新"往往是"组织的宏观创新"在时间上的继起。从这个意义上来讲,制度变迁才是经济增长的关键。

合理的激励机制才能够引导正确的经济发展观,这是中国应该吸取的一个教训。中国的计划经济特别是国有企业由于不符合比较优势而没有自生能力,正是因为没有正确的激励机制的引导。诺思曾经说明过,如果社会创造出了对海盗行为的激励,那么海员就会变成海盗;如果社会创造出了对交易行为的激励,那么海盗就会变成商人。合理的激励机制才会导致好的路径依赖,扭曲的激励机制只会陷入坏的纳什均衡,这就是对长期经济增长的启示。

中国的经济具有转轨加发展的双重特征,或者说具有转型经济学家所谓的帕累托最优特征,并且这个特征是由中国渐进式改革的措施内生出来的。一方面,中国要从"计划轨"转入"市场轨",这个转变实际上是一个激励机制的转变(制度变迁);另一方面,中国要用经济增长来解决转轨过程中的各种问题从而化解风险,而经济增长又必须靠一定的激励机制来维系。问题在于,前者纠正了激励机制的扭曲程度,而后者却在无意中增加了激励机制的扭曲程度,从而出现了一个前后不一的矛盾,这实际上是中国的"激励机制悖论"。

这一悖论决定了中国的经济发展必须采取新的可度量的指标,并且这个指标必须围绕着正确的激励机制展开和设计,要不然,继续采用老的指标只会导致激励机制扭曲程度的不断加深,从而从某种程度上阻碍中国市场化的进程,从长期来看,也会阻碍中国的经济增长乃至经济发展。

[原文载于《国际金融报》2003年7月2日第三版(专栏)]

经济增长在于抓住机会

媒体上关于中国的经济有没有过热的讨论曾经一度"热火朝天",总体上的共识是局部(比如房地产业和汽车业)过热,而这种局部过热在很大程度上又和地方政府的政绩冲动有很大的关系,许多地方政府对银行施加了影响,介入了微观经济活动,从而导致了新一轮的信贷扩张。无论如何,政府相关工作部门对既有的风险保持高度警惕是很有必要的,中国的经济能否健康增长还得依靠对于局部过热的微调,借此防止由于重复建设而导致过多的沉淀成本,因为,投资只能算作中间需求,不能转化为最终需求就不会产生预期的效益。总之,我们不得不面对的是一个如何抓住机会的问题。

经济增长的过程就是利用经济机会的过程,用诺贝尔经济学奖得主阿瑟·刘易斯的话说就是,"对经济增长最重要的是抓住机会"。但是,毫无疑问的是,抓住机会也要考虑成本(如果能够的话),最好用最小的成本来抓住同样的机会。如果地方政府投资搞建设,经济会发生过热,那么换成民营企业或者私人也照样会发生过热,这种观点表面上看起来并没有错,但是问题在于试错成本的性质不一样,行政性的重复建设基本上没有自身的"惩罚机制",而市场性的重复建设则有一种可信的"惩罚机制",前者不能形成人力资本积累(错了是白错),而后者则可以形成人力资本积累(错是为了对)。换句更直白的话说,前者是"不长记性"的,而后者则是"长记性"的。看不清这一点就不可能把握问题的本质,但这恰恰被一些学者忽视,虽然在抓住经济机会这一点上大家几乎是一致的。

现在推动中国经济增长的经济机会主要是产品市场的经济机会,这种机会是外生于制度的机会,这些独立的机会早就存在了,只是由于受到人为的抑制才没有发挥应有的作用并释放出应有的经济能量,用句不好听的话说就是带有"补课"的性质。

我们目前正在抓紧运用这些机会,比如中国正努力把自己打造成为世界制造中心。

然而,不可否认的是,由外生的经济机会推动的经济增长终究会有一个限度,根据阿瑟·刘易斯的增长理论,经济增长是对连续不断的刺激的反应,而每个刺激最终会达到极限。现在中国的任务就是尽量把握好这次经济腾飞的机会,在抓住机会的前提下努力降低不必要的试错成本和交易成本,换句话说,在抓住机会的前提下为将来的发展"埋下伏笔"或曰"打下基础"——能够慢慢创造出内生于制度的新机会。这才是中国应该采取的发展战略。

机会有两种,我们一定要分清。努力呵护好既有的经济增长势头是必要的,因为这是在抓住眼前的机会;在这个前提下,努力为以后的经济增长创造新的机会也是必要的,因为这是为了抓住将来的机会。正像人不能为了吃饭而吃饭一样,国家也不能为了增长而增长。"大处着眼,小处着手",是把握现在的机会和将来的机会的关键,个人是这样,国家也是这样。

而内生于制度的机会又主要体现在金融领域。新的机会的诞生必将以融资革命为契机。新制度经济学的研究表明,一些曾经如日中天的经济组织正是由于融资上的限制才由兴转衰的。企业理论领域的新秀 Zingales 和 Rajan 的研究也表明了融资革命对企业性质乃至经济增长的影响。经济越是增长就越会提高对金融制度的要求,深化金融改革消除金融瓶颈就越显得刻不容缓。今年的中国经济增长有望达到8.5%,这是对中国把握既有机会能力的肯定,也是对中国深化改革特别是金融改革的鞭策。

渐进式改革就是要在增长中转型,在转型中增长,不损失相关的信息,不浪费相关的机会。这或许就是一向要求苛刻的诺贝尔经济学奖得主约瑟夫·斯蒂格利茨认为中国经济学工作者把握了经济学精髓的一个重要原因吧。

[原文载于《国际金融报》2003 年 12 月 9 日第三版(专栏)]

经济增长与李嘉图效应

中国的经济增长和就业增长之间存在着非一致性，由此出现了所谓的"增长悖论"。现阶段，虽然政府主导投资的惯性依然很大，但中国的社会投资已经开始复苏，经济增长的内生能力和自主机制得到了很大的提高，中国经济已经进入了上升通道。在这里，笔者想借用李嘉图效应对此进行梳理，以期从一个侧面把握经济增长为什么没有带来预期中的相应的就业增长。

在以前的文章中笔者曾指出，"增长悖论"可以由技术进步论、结构调整论、有效劳动需求论进行经济学上的解释，并指出问题的关键在于，中国经济增长的力度不够大（至少没有达到潜在增长率），不足以弥补由于激励机制的提升和技术进步的作用而使劳动效率提高以外的部分，所以从就业的角度出发才能解决面临的困境。

大卫·李嘉图曾经说明，机器与劳动力处于持续的竞争之中，而且前者往往要等到后者的工资有所增加之时才能够得到运用，也就是说，工资的增加会促使机器去取代劳动力。

诺贝尔经济学奖得主哈耶克发展了的李嘉图效应宣称，相对于产品价格的工资普遍变化，将会改变不同的行业部门或不同的生产方法所使用的劳动力和资本的比重或程度，进而改变它们所具有的相对的获利能力。李嘉图效应的实质在于，工资与产品相对价格的变化会改变企业的行为，从而导致经济发展有可能陷入我们所说的"增长悖论"状态，特别是当企业对价格的反应过于敏感或反应过于迟钝的时候，而中国转型中的实际情况正好与此相符。

李嘉图效应可以把技术进步论、结构调整论、有效劳动需求论对"增长悖论"的经济解释统一起来。整个过程可以这样来理解，由于市场条件的变化，不管是技术进步、结构调整，还是包含有效劳动的劳动力价格上升，导致企业的内部收益率

(Internal Rate of Return)的下降,这个时候,按照哈耶克的分析,会促使企业普遍转向那些需要较多资本的生产方法,当然,这种转向也会因为各个企业内部收益率的变化在程度上有所不同。

然而,很明显的是,这种转向至少在表面上看来是不符合中国资源禀赋的比较优势的。所以,这里就出现了一个新的矛盾。这只能说明在中国现有的既定制度的约束下,在用的劳动力的工资已经相对而言足够高了,换句话说,人力资本投资是不足的,中国现阶段物质资本投资与人力资本投资比例已经出现了失衡现象,人力资本的边际收益率已然相对过高,这与诺贝尔经济学奖得主詹姆斯·赫克曼对中国的看法是一致的。

事实上,这种解释也正好说明了为什么中国经济的宏观层面好于中国经济的微观层面,宏观和微观的背离在某种程度上正是由于李嘉图效应的作用。实际情况是,中国的汽车、房地产等具有支撑作用的行业进入了新一轮的扩张周期,虽然这些行业具有联动效应,能够带动相关产业的增长,但是这种良性循环只是局部的,不是整体的,而且也不可能是整体的,因为投资巨大的特点本身就决定了这种情况,或者换句话说,是李嘉图效应决定了这种情况。中国存在投资增长偏快的体制性原因,而这一轮投资明显具有企业进入设备更新期的特征,企业投资在很大程度上成为拉动投资需求增长的主要动力。

总之,中国的经济增长本身就充满了许多难以解释的扑朔迷离的现象,这些现象是人为的和非人为的因素共同作用的结果。中国既要在发展中转轨,又要在转轨中发展,问题错综复杂也就不足为怪。但是,不管是对政府投资还是对民间投资来说,投资必须以居民有效需求为依托,否则整体的良性循环就不可能内生出来,在李嘉图效应的作用下就更是如此。当然,我们必须分清楚经济增长的短期因素和长期因素,二者不能混为一谈,现阶段中国的高投资一方面反映了"被动的"李嘉图效应(由于投融资体制方面的"短期"原因),另一方面反映了"主动的"李嘉图效应(由于经济增长进入了新阶段的"长期"原因)。

[原文载于《国际金融报》2003年12月16日第三版(专栏)]

经济增长的基准

关于经济增长的讨论是一个永恒的话题。不要说中国的经济过热，不要说日本的徘徊调整，不要说印度的卧薪尝胆，也不要说美国的盛气凌人，就让我们说一说国家间增长比赛的基准吧。

当今的经济是开放的经济，诺贝尔经济学奖得主哈耶克所论及的波普尔意义上的开放社会或者斯密意义上的大社会正好与此相对应。全球化已然成为不可避免的趋势，不管诺贝尔经济学奖得主斯蒂格利茨对全球化多么不满。在开放经济的大背景下，各国的经济增长都不可避免地面临着竞争约束，忽略这一竞争约束显然不符合经济增长的实际情况，也不符合经济发展的自然趋势。

经济增长的竞争约束包括纵向的约束和横向的约束，前者是从历史的角度来看的，而后者则是从现时的角度来看的，前者属于纵向的比较，而后者则属于横向的比较。用契约理论的话说，纵向的竞争约束属于"激励约束"，横向的约束属于"参与约束"，一个国家的经济发展既要跟自己比较也要跟别国比较。在开放经济条件下，纵向约束和横向约束是相互作用的，不考虑经济增长的这两种约束一个国家就不可能真正把握住经济发展的机遇，这就是本文所说的经济增长的基准。

各国的经济增长都有基于自身的特色，所以发展的模式也就不能一概而论，但是不可否认的是，如果该国采用的发展模式不能使其自身的增长潜力得到最大程度的发挥，那么它就很有可能被落后者超越、被领先者甩远。毫无疑问，增长潜力是一个很难判断的概念，这是因为各国经济发展的过程是一个不可逆转的过程，选择了走一条路就必须放弃走另一条路。虽然事后的增长绩效的比较还是可以进行的，但是这种比较并不能对当时的责任人形成任何约束。凯恩斯的那句"从长期来看我们都死了"的名言遭到了哈耶克的强烈抨击，无非就是因为哈耶克觉得这意味着当事人可以对当时的历史不负责任罢了。所以,在经济增长的过程中,历史是很重要的,我们应该从历史上借鉴的东西绝不止于"路径依赖"这么简单,我们更应该从历史上借鉴的是纵向的经济增长的约束。诺贝尔经济学奖得主道格拉斯·诺思对经济史的创造性贡献是不能不提及的。他认为,西方世界的兴起就是因为个人收益(成本)和社会收益(成本)趋于相等,就是因为产权得到了明确的保护,正是基于此,英国在竞争中胜出西班牙和法国,从而创造了自己的奇迹。曼库尔·奥尔森以探索国家兴衰的原因为己任,他的集体行动理论认为,正是由于特殊利益集团的非涵盖利益或曰非共容利益阻碍了经济发展。其实上面两种理论都可以和约瑟夫·熊彼特的创造性破坏理论相互兼容或相互调和,因为,没有产权的激励就不会有自愿的创新行为,没有创新行为就不会形成创造性破坏,没有创造性破坏,则特殊利益集团就可以继续把持自己的利益,当然,上面的推理反过来也是一样的,所以,经济发展的阻碍力量往往会造成恶性循环式的"配对效应"。经济增长的纵向约束决定了一个汲取历史教训的国家应该使自己的发展战略跳出历史上"死循环"的陷阱,避免不必要的试错成本;经济增长的纵向约束决定了一个为自己的民众负责任的国家应该确立普遍的、抽象的正当行为规则,为经济增长,也是为民众提供尽可能多的潜在机会。

  经济增长的横向约束更加具有现实意义,因为这种约束是从现时的国家之间的竞争出发的,所以这种约束可能更为我们所注意和重视。国家之间的经济竞争是经济增长的竞争,更确切地说是经济发展的竞争。而经济发展在很大程度上又要依据比较优势的原理,所以国家的经济竞争实际上是国家之间的相对比较优势的竞争。很明显,任何理性的经济主体都会扬长避短或取长补短,所以国家发展遵循比较优势发展原理的原因也是显而易见的。但是,林毅夫教授等人基于转型经验提出的比较优势发展原理却很容易遭到误解,遭到误解的一个主要原因就是许多学者把比较优势看成了一种"静止状态",换句话说,他们把诺贝尔经济学奖得主阿瑟·刘易斯所说的"劳动力无限供给条件下的经济发展"不分场合地"强行加给"了特定的企业。我们知道,经济发展的主体是企业,企业是要符合自生能力原理的,企业是处于不断变化的动态过程之中的。自生能力是指在自由竞争的市场经济条件下,一个正常经营的企业至少能够获得不低于社会可接受的正常利润水平。一般来讲,在企业具有自生能力的情况下,要素禀赋结构水平(资本相对劳动的丰富程度)会逐渐提高,企业的技术也会随之逐渐升级。这样的话,企业就会有不同要素禀赋结构水平的概率分布,在某个分布段上高技术的企业在"劳动力无限供给条件下"照样可以具有比较优势。毫无疑问,这种相对比较优势的竞争也包含了交易成本的竞争。一般来讲,一个国家的交易成本越高,在这个国家(或从这个国家)获得某种商品的价格就会越高,这个国家的经济也就越不具有竞争力。比较优势的竞争既包含了"硬"的竞争(比如要素禀赋的竞争),也包含了"软"的竞争(比如制度安排的竞争),总体上的表现是这两种竞争综合作用的结果。从短期来看,"硬"的竞争非常重要,但是,从长期来看,"软"的竞争或许更加重要。经济增长的过程,就是在这两种竞争之间寻求折中的过程。只重视前者而不重视后者,或者反过来只重视后者而不重视前者,都是不可取的。经济增长的横向约束决定了一个国家应该如何在"硬"的竞争和"软"的竞争之间进行权衡。

显然上面的分析在很大程度上只是一种经济增长的理论解释,但是对既是转型中又是发展中的中国来说还是很有现实意义的。中国经济的发展既面临历史性机遇,也面临历史性的挑战,可以说是"后有追兵,前有堵截",比如,印度相对中国的"软"竞争似乎已颇具优势,而美国相对中国的"综合"竞争优势由来已久。中国经济如何在增长的纵向约束和横向约束之间找到一个恰当的平衡点可以说是至关重要的,因为我们既要从国内情况出发,也要从国际情况出发,既要考虑到内部均衡,也要考虑到外部均衡。中国在经济增长的过程一定要看清楚自己的约束条件,并且着眼于改善自己的局限条件,既不能"自废武功"(人为地增加经济发展过程中的不确定性),也不能"走火入魔"(人为地好大喜功、拔苗助长,从而破坏自发秩序)。

(原文载于《中国产经新闻》2004年7月13日A3版)

地方政府如何降低经济发展的成本

在中国经济转型和发展的过程中,地方政府所承载的作用远比许多人想象的要大得多,这不仅跟财政联邦主义有关,也跟中华传统文化有关——前者是基于竞争的维度,而后者则是基于信任的维度。地方政府的作用是否恰当往往决定了这个地方的经济表现是否活跃、能否持续。今天全国闻名的"温州模式",是在当时的地方政府领导的鼓励和保护下逐渐培育起来的,并且在其后的发展过程中表现出了强大的自我实施和自我扩展的生命力。地方政府的深谋远虑和企业家的远见卓识没有什么两样,而这两者对中国转型条件下的经济发展来说都是必需的,因为地方政府的作用恰恰在于其可以降低企业家和企业的生产成本和交易成本。用价格理论的话来说,地方政府的作用就在于降低当地经济发展的成本(或价格)。经济发展的成本(或价格)越低,该地经济发展的总体速度就越快,该地经济发展的自我维持程度就越高。

地方政府就是要保护市场自发秩序,就是要保护承载自发秩序的行为主体,但这种保护又和传统计划经济时代截然不同,不是预算软约束式的父爱主义,也不是越俎代庖式的干预主义,而是符合经济规律的优势互补——扬长避短、取长补短、因地制宜、因势利导。政府就是要围绕自身做文章,围绕市场做文章,围绕企业做文章,看清楚自身的边界,看清楚市场的边界,看清楚企业的边界,遵循经济发展规律顺势而为。从这个意义上来讲,在中国经济转型的大背景下,政府借创新来提高行政能力进而降低经济发展的成本必然表现在三个方面:政府自身行政功能的创新、政府协助企业功能的创新、政府诱导市场功能的创新。但是在渐进式改革的过程中,地方政府的创新将主要表现在政府协助企业功能的创新以及政府诱导市场功能的创新两个方面(并通过这两个方面在博弈中提高政府自身行政功能的创新),这主要是由中国经济"转轨加发展"的国情决定的。我们的案例分析也将主要集中在这两个方面。

下面笔者就以浙江省湖州市吴兴区为例,分析一下地方政府是如何降低经济发展的成本的。吴兴区的政府创新之处就在于能够找到自身的约束条件,然后根据这些约束条件做出自己的最优反应;难能可贵的地方在于,吴兴区政府的创新行动恰恰符合了一般意义上的经济规律,没有"逆水行舟"——只顾自己利用自身的比较优势和发散信息,而不管企业是否利用了自身的比较优势和发散信息;只顾政府行为的方便实施和理想结果,而不管市场是否需要这些行为。吴兴区的约束是什么?资料表明,2004年以来,吴兴区面临宏观环境趋紧,土地、电力、资金等要素制约严重,周边地区招商引资竞争态势日益激烈的形势。这样看来,宏观制度环境约束、土地约束、电力约束、资金约束和竞争约束是吴兴区必须面对的最大约束。我们要看清楚的是:这些约束中,哪些是政府能够改变的?哪些是政府不能够改变的?哪些是政府在短期能够改变的?哪些是政府在长期能够改变的?回答了这些问题也就回答了吴兴区的经济应该如何发展,也就回答了吴兴区的政府创新是否符合经济规律,也就回答了吴兴区是如何降低经济发展的成本的。

资料显示,经过探索,吴兴区形成了企业招商和产权招商的三种模式:一是增量型,即通过合资引进资本,达到资本的进一步扩张;二是嫁接型,即通过部分股权转让,与外商合作,优化资产结构,实现体制机制创新;三是出让型,即以现有存量资产全部或部分出租、转让等形式,引进外商投资。三种模式的运用带来了签约快、投资快和见效快。企业招商和产权招商更多地集中于企业与企业之间的合作,在不违反有关规定的前提下,只要双方达成意向,立即可以进行签约。很明显,这三种模式都是为了缓解资金约束,因为资金约束是政府短期内最能够改变的约束。但是,资金约束的内涵并不仅仅是资金那么简单的事情,其背后往往隐含着技术约束(包括设备约束)和市场约束(包括营销能力约束),也就是说,资金往往是和技术以及市场联系在一起的。原因很简单,资金供给方之所以敢于投资,往往是因为其在某个行业拥有自身的发散信息(包括技术信息和市场信息),他们自己根据成本收益分析做出自己的选择。笔者手头上的吴兴区招商合作项目资料也表明,单独引资的合作项目并不是很多,最多的都是要求把资金、技术、市场中三者或两者"捆绑"在一起的合作项目。我们应该注意的是,招商引资很可能成为许多地方政府的"叶公好龙"式的行为。"放水养鱼"的前提条件是有"鱼"(像吴兴区那样),没有"鱼"的话再怎么"放水"也白搭,而所谓的"鱼"正是本地企业,特别是民营企业。有些地方政府不顾当地的客观条件,一味地变着法儿招商引资,这是"缘木求鱼""拔苗助长",与其这样不如先让当地的"鱼苗"长出来长起来。

吴兴区政府的聪明之处在于,政府利用自身的组织能力和组织优势,来帮助在组织能力和组织优势方面欠缺的企业,引导企业到外地招商引资,使不对称的信息对称起来,从而减少了信息成本(交易成本)。"好酒不怕巷子深"是不错的,但是在信息不对称的情况下,"好酒"只能是一个地方性信息,知道的人未必有钱买得起"好酒",不知道的人有钱未必能买得到"好酒";信息更加对称后,才能把"好酒"和"好钱"匹配起来,消费机会是这样实现的,投资机会也是这样实现的。吴兴区政府在这个过程中起到了相当于中间组织的作用,用更通俗的话说,起到了相当于"媒人"的作用。但是,我们应该注意到的一点是,如果企业的组织能力和组织优势本来就很强的话,政府就没有必要做这种工作;如果政府硬要做这种工作的话,就很有可能"出力不讨好,好心办坏事"。从这个意义上来说,对某个地区来说属于政府创新的活动对另一个地区来说未必属于创新,关键在于找到自身的约束条件。在中国经济转型的过程中,许多企业特别是民营中小企业的组织能力明显不足,政府通过发挥自身的组织优势来帮助企业降低信息成本(交易成本)通常是一个正确的选择,因为它很好地抓住了企业面临的组织能力不足的重要约束。

上面分析的主要是吴兴区在政府协助企业功能方面的创新,下面我们再分析一下吴兴区在政府诱导市场功能方面的创新。企业的发展离不开良好的市场秩序,没有及时跟进的良好的市场软硬环境,招商引资就只能是"一锤子买卖",短期的坏的声誉效应会导长期的坏的博弈均衡。吸引过来是第一步,留下来是第二步,而留下来又必须靠资本确实追逐到了自己想要追逐的利益。吴兴区在这方面的创新是在很大程度上贯彻了湖州市政府的政策,笔者手头上的湖州市人民政府办公室印发的《关于贯彻进一步改善外商投资软环境若干意见的实施细则》(湖政办发〔2002〕77号)显示,政府在许多方面都对如何保护市场秩序做出了明确而具体的规定,这有助于防止地方政府"在该作为的地方不作为,在不该作为的地方乱作为"。吴兴区以机关效能建设为契机,进一步清理和压缩项目的审批手续,全面实行服务代理制和工作一站制,全方位搞好服务。政府行政成本的降低为市场的交易成本的降低开了一个很好的头,行政成本太高导致市场的功能几乎完全不能发挥的地方政府案例在中国为数不少——笔者认为这样的地方政府首要的选择不是招商引资,而是降低其行政成本。如果政府的行政成本高,因而市场的交易成本也高,那么"双高"就会导致该地经济发展陷入"锁入效应",这是经济发展的成本高昂的必然结果。地方政府在协助市场功能方面的创新主要是由竞争约束决定的,地方政府的竞争最终会导致行政成本的降低,换句话说,地方政府的竞争会导致政府在诱导市场功能方面进行必要的创新,这正是著名的蒂布特(Tiebout)模型所揭示的含义。

地方政府在中国经济转轨和发展的过程中起到了不可替代的作用,问题的关键在于要让地方政府参与到一个有序的经济竞赛中来,中央政府要为这种竞赛确立好"公开、公平、公正"的博弈规则,既要有利于各地短期经济发展,也要有利于各地长期经济发展,既要有利于各地的单独发展,也要有利于各地的统筹发展。经济发展的最终着眼点不是在招商引资上,而是在降低经济发展的成本上;降低经济发展的成本不是由地方政府的主观意志决定的,而是政府、企业和市场共同作用的结果;达到这个结果的关键不是在于找到目标函数,而是在于找到当地经济发展的约束条件。

[原文载于《经济学消息报》2005 年 3 月 18 日(NO.636)第六版]

把后发优势和先动优势结合起来

《光明日报》关于中国如何抓住第六次产业革命的战略机遇实现跨越式发展的讨论引起了学术界的广泛关注。笔者认为，这主要和两个方面的原因有关：一是中国正处于转轨的关键时期，迫切需要有利的机会来推动改革的深入进行；二是中国的繁荣昌盛是中国各族人民的强烈愿望，中国知识分子为此而进行理论上的探索义不容辞。

发挥比较优势的发展战略使中国经济有了长足发展。但是，事情显然并不是到此为止。因为当比较优势上升为一种国家发展战略的时候，它必然包含政府能够识别出（至少在很大程度上识别出）哪些产业和企业具有比较优势，哪些产业和企业不具有比较优势。如果把比较优势仅限于要素禀赋这一相对狭小的范围，那么当中存在的问题还不是那么明显的。但当我们考虑到路径依赖的时候，比较优势发展战略还能够发挥预期中的作用吗？

我们的起点是计划经济，我们的国情是发展中的社会主义国家，这就是我们最大的"路径依赖"。忽视这一路径的依赖就是忽视中国经济面临的最大的约束条件，既不符合实事求是的精神也不符合经济分析的逻辑。在渐进式改革的初始阶段，遵循比较优势发展战略无疑可以在很大程度上促进中国经济的增长，因为在这个阶段我们主要利用外生的机会，利用以前被体制压抑的机会，这些机会至少在要素禀赋方面的比较优势是很明显的。但是当经济改革进行到一定阶段以后，许多机会就不是那么明显地属于外生的，而是属于内生的，内生于我们的经济制度之中。这个时候再遵循要素禀赋的比较优势来发展中国的经济，至少对那些内生的机会来说显得非常不合时宜，因为那些内生的机会本身在很大程度上不能用具有比较优势还是不具有比较优势来判断。在约瑟夫·熊彼特的创新面前，创新前和创新后是不一样的。不可否认的是，对于外生的机会利用要素禀赋的比较优势来诱导出其潜能还是符合客观规律的。但是,对于内生机会而言,则要在很大程度上另当别论。那么,如何来利用这些内生的机会呢?

历史永远是一面镜子。德国和美国,尤其是美国之所以能够超越"老大"英国,原因就在于它们抓住了技术革命所带来的机会。它们为什么能够抓住机会呢?因为它们的企业对机会的敏感程度强。它们的企业为什么对机会的敏感程度强呢?因为它们的企业有良好的组织能力,能够有效地整合物质资本和人力资本,能够形成管理科层制(有人也翻译为层级制),能够进行三方面的投资,从而能够利用规模经济和范围经济,并进而具有成本优势和竞争优势。在先进技术方面,英国的企业家并没有把最先拥有的机会(内生机会)的潜在优势转变为实际优势,而等它意识到这个机会(已是外生机会)的时候别人已经形成了有效的进入壁垒,想进入也不是那么好进入的啦。当然,最重要的一点是,当时的英国推崇家族式的个人管理(非科层制),不能对内生的机会形成敏锐的反应,而只能沉湎于属于外生机会的老产业(路径依赖),结果自然错失良机。当然,整个结果是由许多原因造成的,比如可接近的市场大小的原因,但是英国企业家的失败确实是一个非常重要的原因,也就是说,英国的企业的"看得见的手"没有能够和市场的"看不见的手"形成诺贝尔经济学奖得主罗纳德·科斯所说的有效的替代。当然,这里需要提醒的一点是,那些能够利用技术革命提供的机会来"做大""做强"的产业往往是资本密集型的,而不是劳动密集型的,能不能有可获得的资本(或者靠内部留存或者靠外部融资)对企业的扩张显得尤其重要。

对中国而言,要想利用内生的机会,必须注意两个方面的问题,一个是能够形成内生于制度的机会,另一个是能够对这些内生机会产生高敏感度从而能够切实把它们转化为现实生产力。没有机会的话,也就谈不上利用;有了机会却抓不住,还是等于没有机会。对经济转型的中国来说,这就需要我们完善两个层次的制度,一个是宏观层次的国家的市场制度,一个是微观层次的企业家特别是企业的管理制度,前者可以内生出经济机会,后者可以有效利用机会,从而达到"看不见的手"和"看得见的手"的相对完美的结合。所以,我们的当务之急是完善市场制度,培育企业家精神,建立现代企业制度。只要中国在先进技术领域的企业能够具有世界竞争力,在相关的产业内占有一定的世界市场份额,中国经济就可以实现"跨越式"发展。

一个国家利用外生机会的能力和利用内生机会的能力，取决于这个国家的企业有没有组织能力——把物质设施和管理技能结合起来的能力，更确切地说取决于企业的组织效率，在该形成科层制的地方(即科层制有比较优势的地方)能够形成科层制，以企业的"看得见的手"来替代市场的"看不见的手"，但却不是用政府的"看得见的手"来替代企业的"看得见的手"。对中国而言，情况更为复杂，因为现在的中国经济既需要市场化又需要城市化，既要转型又要发展。由于约束条件太多，所以需要方方面面的权衡和折中。理论上来讲，一个问题的约束条件越多得到最优解的可能性也就越小。而这个所谓的"理论上"相对于中国现实的复杂性来说却还显得太过"简单"了。中国更需要协调发展，也就是说，需要统筹城乡发展、统筹区域发展、统筹经济社会发展、统筹人与自然的和谐发展、统筹国内发展与对外开放。要想在某些方面"单兵突进"就会付出很大的代价和成本，因为有可能扭曲有限资源的合理配置。对利用内生于制度的机会而言，也可能存在这样的问题，如果我们利用这些机会的成本太大的话，就有可能使得我们本来具有比较优势的机会却不具有世界范围内的相对比较优势。总而言之，中国需要按照比较优势发展原理稳步前进，把外生的机会利用好，在经济发展的随后阶段逐渐培育出利用内生机会的低成本机制。这样，中国就可以把内生的机会利用好，把后发优势和先动优势结合起来，从而进入资本密集型的世界前沿技术领域。但在整个过程中一定要注意坏的"路径依赖"，防止陷入"锁入效应"。另外需要强调的是，我们一定要有意识地培养把握机会的能力，不能等机会成为外生的以后才做出暂时性的反应，自主能力(特别是组织能力)比外在冲击更能形成有效的原动力，这应该是中国经济，特别是中国企业的发展战略。

(原文载于《光明日报·理论周刊》2004年5月25日B2版)

从资本升级视角看新产业革命的机遇

对产业革命而言,从资本升级的角度进行思考,比从机会把握的角度进行分析,更容易得到一些更具启发意义的结论。因为资本是经济进步中的关键性资源,经济发展的过程伴随着资本理论的变迁,资本理论的变迁中蕴涵着产业革命的发生机制和扩展机制。我国要想抓住第六次产业革命的战略机遇,实现"跨越式"发展,就必须有效地利用和创造资本,本着边际替代的原则,从整体上提升中国经济系统的效率。

与 6 月 29 日《光明日报》发表的李赖志文章(《产业革命与产业组织形式的创新》)的观点不同的是,我认为产业组织形式并不是由低级向高级发展的,产业组织形式也没有高级和低级之分,只有适应和不适应物质资本与人力资本的组合之分,适应的未必是高级的,不适应的未必是低级的,企业组织形式所形成的组织资本并不与物质资本、人力资本一样遵循同样的资本升级原理。适合物质资本和人力资本发挥作用的产业组织形式的创新虽然符合演化原理,但未必一定是"进化"的(新生的),也有可能是"退化"的(旧有的)。第六次产业革命所需要的组织形式未必一定是所谓的"高级"的,但却一定是同物质资本和人力资本的组合相"匹配"的。

综观世界经济发展史,任何一次产业革命都离不开物质资本、人力资本和组织资本的综合作用,虽然在不同阶段对不同类型的资本要求是不一样的。物质资本的积累、人力资本的增加以及组织资本的更新是产业革命发生的必要条件。达不到物质资本、人力资本以及组织资本的临界水平,整体的产业革命就不可能发生。如果相关的资本没有达到相应的水平,那么产业发展的综合竞争优势必然会受到某种程度上的损减,当损减达到一定的程度时,产业发展就不可能收敛在熊彼特意义上的"创造性破坏"的产业革命路径上。具备相关条件特别是具备相关资本条件的国家才可能发生产业革命,而不具备条件的国家,即使发生了边际意义上的技术革新,也不可能在整体意义上真正把握住产业革命的机遇。有技术、有需求并不是产业革命发生的充分条件。

我们可以认为,产业革命是从低级到高级逐渐发生的,不同的产业革命要求有不同类型的资本与之相对应。从工业革命到现在,世界上先后发生了以纺织工业为主导的第一次产业革命,以钢铁工业为主导的第二次产业革命,以石油和重化工以及电力工业为主导的第三次产业革命,以汽车工业为主导的第四次产业革命和以 IT 产业为主导的第五次产业革命。产业革命的发展过程中,对物质资本总量的要求逐步提高,物质资本的集约度稳步提高;对人力资本的要求也逐步提高,人力资本的集约度也是稳步提高;但对组织资本的要求并不是逐步提高的,而只是要求组织资本能够与物质资本以及人力资本相互"匹配",让物质资本和人力资本有效结合起来(表现出最大的总体价值)。

有形的物质资本的相对丰富程度决定了一个国家的要素禀赋结构水平。一般而言,一个国家的物质资本越丰富,这个国家的要素禀赋结构水平就越高。当物质资本达到一定的丰富程度时,人力资本投资的收益率就会高于物质资本投资的收益率。产业革命离不开人这一具有主观能动性的行为主体,因为产业革命最终是由人的需求、人的合作,以及人的努力来促成的。随着物质资本的相对重要性的逐步降低,人力资本的相对重要性的逐步提高,当物质资本成为松散约束的时候,人力资本成为紧约束的迫切性才会与日俱增。而当物质资本和人力资本成为松散约束的时候,组织资本成为紧约束的迫切性才会与日俱增。因为人力资本具有非激励难以调度的特性,所以激励机制对于提高人力资本的使用效率是必需的。没有适当的组织形式和组织安排,也就是说,没有相应的组织资本,人力资本就难以发挥自身应有的作用。

组织资本是指企业制度安排所带来的收益,这是与物质资本的收益和人力资本的收益不同的收益。组织资本的价值是企业的总体价值和企业的单个部分的价值总和之间的差额。毫无疑问,这个差额越大,组织资本的价值就越大,这样的组织安排的有效性就越强。同样的物质资本和同样的人力资本对不同的企业会带来不同的结果,因为不同的企业有不同的组织资本。组织资本对于产业革命的发生会产生越来越重要的影响,因为产业革命的发生离不开人力资本和物质资本的有效组合,组织效率和组织能力会成为决定企业和产业竞争优势的最后决定因素。企业理论的最新研究表明，层级制分为水平层级制和垂直层级制，在水平层级制下所有的雇员只和企业家进行接触，而在垂直层级制下所有参与人形成了一条企业家位于最顶端的长链，垂直层级制在物质资本密集的产业占优，而水平层级制在人力资本密集的产业占优。组织形式会随交易的约束条件的改变而改变，目的就是保证组织资本处于合理的范围内。产业组织的创新对于产业革命的深化和产业革命的传播起着重要的作用。

我国的特殊国情决定了我国抓住第六次产业革命的艰巨性和可能性。艰巨性表现在我国目前还是一个转型中的社会主义市场经济国家，在物质资本和人力资本的丰富程度上还和发达市场经济国家存在很大的差距，与此同时，组织资本也受到了总体的制度环境的很大的约束，从而大大限制了组织创新的收益。总体而言，我国在物质资本、人力资本和组织资本方面都处于相对劣势，所以，我们必须在很大程度上遵循比较优势发展战略，这是稳步式"赶超"之道。可能性表现在，一方面，我国目前已经在某些领域具有了局部的物质资本和人力资本比较优势，另一方面，我国的市场和需求的规模性决定了我国最有可能最先接近第六次产业革命的内生机会（"近水楼台先得月"），所以我国有可能借助产业革命实现跨越式"赶超"。

从资本的角度来看，我国一方面需要努力积累物质资本和人力资本，另一方面需要深化体制改革，努力提高组织资本。把握第六次产业革命的机遇只不过是把相关的物质资本、人力资本通过组织资本有效结合起来而已，这种结合要最大程度上仰仗于市场的"看不见的手"和企业的"看得见的手"，而不是最大程度上仰仗于政府的"看得见的手"，这就是我们最后得到的简化了的结论。

（原文载于《光明日报·理论周刊》2004年7月13日B2版）

共同富裕是经济发展的根本

日前召开的中央经济工作会议提出明年要着重把握好"四个方面"。我们可以看到,第一个方面中特别提到了以下两点:要向农村倾斜,改善农村生产生活条件,增加农民收入;要向中西部,特别是西部地区倾斜,继续为加快西部地区经济发展创造条件。十六大报告在论述经济建设和经济体制改革时也指出,全面繁荣农村经济,加快城镇化进程;积极推进西部大开发,促进区域经济协调发展。所有这些战略性举措都是为了更好地发展中国经济,为了实现共同富裕。

城乡差异和地区差异严重阻碍了中国经济的协调发展,是造成中国经济"畸形增长"的重要原因之一。正视并着力解决这个问题是实现共同富裕的需要,也是中国经济实现内生增长的需要。按照诺贝尔经济学奖得主加里·贝克尔的分析,农村和西部地区属于资本短缺者,所以必定是劳动的净输出者。问题的关键在于,怎样把这些可以净输出的劳动与城市和东部地区的资本结合起来,因为只有结合起来才能够形成有效劳动,才能够把劳动剩余的劣势变成劳动成本低廉的优势。也就是说,这里存在一个如何让劳动与资本结合以创造就业机会的问题。

马克思的级差地租理论告诉我们,由土地的肥沃程度或地理位置的不同所产生的地租就是所谓的级差地租Ⅰ,而由对同一块土地连续投资的收益差别所产生的地租就是所谓的级差地租Ⅱ。实际上,这个道理也适用于城乡差异和地区差异。

如果同量的资本在城市和东部地区追加投资所获得的收益大于其在农村和西部地区投资所获得的收益,资本就不可能与农村和西部地区的净输出劳动相结合,从而也就不可能创造出我们前面所说的就业机会。

注意到这一点是很重要的,因为中国现在存在的许多问题在很大程度上正是由于忽视了这一点。在这个时候,我们不能强迫资本与劳动结合,因为这样做不符合市场经济的本质要求，不符合资本的逐利性原则，所谓"牵马河边易，强马饮水难"。

但是，我们也不能眼睁睁看着经济发展"陷入"城乡差距和东西差距不断拉大的恶性均衡。此时政府的作用就显得格外重要，政府必须可以通过转移支付为农村和西部地区创造有利的投资条件，从而使得同量的资本在农村和西部地区投资所获得收益不小于其在城市和东部地区所获得的收益。这样就可以对短缺的资本形成有效的激励机制。我们可以看到，中国政府的举措正是遵循了这一思路。

在整个渐进式改革的过程中，除了发挥市场的基础性作用以外，绝对不能够忽视政府的作用，这是渐进式改革取得成功的一个不可或缺的条件，也是实现共同富裕的一个必要条件。国外转型经济学界的研究表明，为了保证成功的增长和发展，政府的作用既不能过分强大到阻碍民营经济的地步，又要足够强大，从而能够实施法治。可以说，实现共同富裕是中国经济发展的必然要求，也是中国特色社会主义法治的本质要求。在共同富裕的过程中，政府既不能"拔苗助长"，也不能"无为而治"。

实现共同富裕的过程是市场发挥基础性配置资源作用的过程，也是政府发挥宏观调控作用的过程，更确切地说，是二者交互作用的过程。政府就是要找到这样一个点，一个能够使农村和西部的劳动同资本有效结合的点，中国经济的增长和发展可以借此步入良性循环，共同富裕可以借此慢慢实现。共同富裕，这个多少年来中国仁人志士不断追求的伟大目标，这个摆在我们面前的一个艰巨的历史性任务，必将在中国政府和人民的共同努力下逐步实现。

［原文载于《国际金融报》2002 年 12 月 25 日第四版（IFN 时评）］

破除就业约束

中国的经济增长形势良好，但是中国的就业形势却不容乐观，由此引起了社会各界广泛关注。

中国经济增长与就业增长之间存在着非一致性，也就是说，一方面经济保持较快的增长，另一方面就业增长率却不断下降，换句话说，中国的 GDP 对就业的拉动(即就业弹性)下降得太快。笔者在以前的文章中曾把上面的现象称为"增长悖论"。针对这种现象，有许多学者提出改变国家的发展战略，变"增长优先"为"就业优先"。显而易见，在目前的形势下，中国的经济增长的一个很重要的约束条件就是就业问题，忽视就业问题的经济增长已然不符合中国社会和经济的大局。

中国经济在增长的过程中，许多地区和许多产业过早地追求资本密集型产业，从而导致资本深化速度过快。虽然这种情况看起来和技术进步的趋势相一致，但是不可否认的是，其中存在很大程度的人为的"拔苗助长"的因素。这是中国经济转型的实际情况决定的。计划经济思维的行政控制式的增长并没有随着中国市场经济的逐步发展而得到根本上的改观，特别是当矛盾和问题出现的时候，很容易用"看得见的手"来代替"看不见的手"，用"行政压力"来代替"市场压力"。由此而造成的"行政性的重复建设"，由此而引发的固定资产投资过高，不能不说在很大程度上损害了中国经济的整体效率。

而且这种"被动的"李嘉图效应正好造成了资本对劳动的替代，正好损害了就业的增长，实质上是不符合比较优势发展原理的，累积到一定的程度就会使得困难更加严重，也就是说，背离好的均衡的程度更加严重——和所谓的积累性的"魏克塞尔过程"异曲同工，虽然该过程论述的是货币现象。值得注意提醒的是，"主动的"李嘉图效应在长期会促进就业的增长，而"被动的"李嘉图效应根本就没有"长期"，更谈不上在长期促进就业增长了。

"投资高速增长而消费增长相对缓慢"的问题在很大程度上和我们所说的"增长悖论"是相同的。就业增长的相对缓慢必然会影响人们的收入和预期，而这一影响必然会反映在有效需求上，导致有效需求的相对降低。这样一来，就业和增长之间就会发生累积性的背离，经济增长并没能够自动地促进就业增长，因为高速增长的投资不是相对就业而言有效的投资，不是相对发展而言良性的投资。

上面的分析仅仅是对现象及其背后机制的讲解，要从经济学原理上解决这一棘手的问题并不是那么轻松的事情。"增长悖论"实质上是"凯恩斯"的问题遭遇到了"哈耶克"的问题，并且是在转轨的特殊背景下发生的。转轨过程往往就是许多约束条件"堆在一起"，所以需要方方面面的权衡和折中。理论上来讲，一个问题的约束条件越多得到最优解的可能性也就越小。而这个所谓的"理论上"相对于中国现实的复杂性来说却还显得太过"简单"了。

用经济学的术语来说，"就业约束下的经济增长"和"经济增长约束下的就业"实为"对偶"问题，求解出了其中的一个问题也就求解出了另一个问题。经济增长中存在的问题往往就是制约就业增长的问题，而就业增长中存在的问题也往往是制约经济增长的问题，所以现实中问题的解决必定需要"双管齐下"。对经济增长而言，投融资体制的改革和政府官员绩效评价体制的改革已经势在必行；对就业而言，劳动力市场的完善和企业家精神的培育显得同等重要。总而言之，一方面需要"行政压力"退出相关的领域，另一方面需要"市场压力"发挥应有的作用。

"就业约束下的经济增长"是一个长期的问题，需要政府力量和民间力量的相互作用，关键是形成就业和经济增长之间的良性循环，让就业机会和增长机会匹配起来。

（原文载于《国际金融报》2004年2月20日第二版）

城镇化中的经济学

城镇化是中国经济发展到一定阶段的必然要求,也是中国经济增长的内生性动力。那么,到底什么样的城镇化可以促进中国经济的发展呢?这是我们必须面对的一个现实问题。笔者认为,只有弄清了这当中的经济学逻辑,城镇化才不会"事倍功半"。

城镇化是一种制度变迁,政府在这个过程中必须从制度变迁的客观规律出发,不能搞"一刀切",否则很有可能"出力不讨好"或者"欲速则不达"。为此,我们应该分清两种情况,一种是诱致性制度变迁,一种是强制性制度变迁。对前者而言,不同的地方衍生出了不同的城镇化模式,这些模式在很大程度上都是和当地的经济发展状况相适应的;对后者而言,不同的政府可能会设计出不同的基于"政绩"冲动的城镇化模式,但是这些模式未必和当地的经济发展状况相适应。现实生活中的案例支持我们上面的二分法,虽然两者有时候是交织在一起的。

城镇化要想促进中国经济的发展,就必须具有效率特征,必须提升人们的激励效应。所以,城镇化的出发点并不是解决就业问题(转移农村剩余劳动力),解决就业问题只不过是它的"副产品",这就像亚当·斯密所说的"看不见的手"——个体通过追求个人利益来实现社会利益一样。我们的定位一定要准确,不能再用计划经济的老思维来指导城镇化这一新事物,以免形成坏的"路径依赖"。城镇化的过程当然可以创造出相应的就业机会,但是这些就业机会是一种"能量"释放的过程,这个"能量"就是我们经常说的经济效率。

笔者的意思是,城镇化虽然能够提高就业人口的数量,但这是通过效率扩张的途径实现的,换句话说,城镇化是经济发展和经济增长的结果,虽然它也反过来促进经济发展和经济增长。然而,时下关于城市化的本末倒置的思维却甚为流行。

马克思曾经说过,现代的历史是乡村的城市化。这句话用在现阶段的中国身上是再贴切不过的了。其实许多学者已经注意到城乡二元结构严重阻碍了中国经济的发展,无疑,适度地推进城镇化进程是逐步消除二元结构的一个重要措施。农村富余劳动力的转移是工业化和现代化的必然趋势,但是这个转移必须与一定的就业机会相"匹配",并且这个"匹配"必须以市场为导向,"强扭的瓜不甜"。

我们强调市场的作用,但我们并不否定政府的重要性。城镇化的进程需要政府的作用,特别是转移支付的作用,这也是一个不争的事实。根据诺贝尔经济学奖得主加里·贝克尔的分析,相对而言,农村和农民是资本短缺者和劳动净输出者。而按照经济增长理论的分析思路,只要政府作用恰当,城镇化后的居民收入就可以从较低的均衡点收敛到较高的均衡点,从而跳出原来的"贫困陷阱"。这与所谓的"经济援助"的"大推动"作用异曲同工。但是,我们必须强调的一点是,这种政府支持是以"微小的代价来换取巨大的收益",因为加上政府的支持就可以超过"拐折点",从而步入良性循环的轨道,也就是说,支持不能以"预算软约束"为前提。

总而言之,城镇化应该发挥市场的基础性作用。与此同时,也应该发挥政府对有条件的(离"拐折点"很近的)地方的支持作用,而这基本上是"锦上添花"式的"雪中送炭",从而因势利导,循序渐进,遵循"让一部分人先富起来"的思路,让一部分地区先城镇化起来。

[原文载于《国际金融报》2003年9月24日第三版(专栏)]

有效歧视阻碍内需

许多人已经意识到,城乡二元结构从某种程度上严重阻碍了中国经济和社会的发展。与其说是城乡二元结构起到了阻碍作用,倒不如说是城乡之间的有效"歧视"起到了阻碍作用。

中国内需不足的一个重要方面是消费的"断层"。在城市已达"需求饱和"的许多商品(特别是耐用消费品)却不能在农村形成"有效需求",从而使得产品积压、企业收缩,进而阻碍了经济增长。消费的"断层"是一种购买力的"断层",购买力的"断层"说到底是一种收入的"断层"和品位的"断层",也就是说,我国的城乡居民在收入(物质层面)和文化档次(精神层面)的差距都拉大了。进一步的表现就是,城乡二元结构导致了社会"断层"和文化"断层",这是比表面上的消费"断层"更加严峻的问题。

城乡二元结构的制度基础就是我们大家都熟悉的户籍制度。正是户籍制度使得公民分为农民和城市居民,很大程度上限制了我国劳动力的自由流动。

由于户籍制度的存在,农民被"剥夺"了迁徙自由。虽然改革后允许农民进城打工或经商,但只是采用暂住证制度,暂住证制度可以看成对原来的户籍制度的一种部分否定和弱化。很明显,这可以算是哈耶克"自发社会秩序"理论里的"自发秩序"演进的"苗头",也是诺思的"制度变迁"理论里的"制度变迁"的"方向"。户籍制度实际上是把城乡居民人为地分为不同的社会身份,而这种不同的社会身份又集中体现在就业制度、福利制度和社会保障制度等方面。另一个问题在于,城乡之间实行的是两种不同的资源配置制度:城市中的教育和基础设施几乎是国家财政注入的,而农村中的教育和基础设施国家投入的则非常有限。这一差别可以说是造成"断层"的一个经济上的原因,说穿了,就是拿农村"补贴"城市。当出现问题的时候(比如说需求不足的时候),我们就想到了农村,但是这个时候城乡发展的不平衡已经达到了比较深的程度。对农村而言,我们往往"既想马儿跑,又想马儿不吃草",天底下哪有这等好事?

按照诺贝尔经济学奖得主贝克尔在《歧视经济学》里的分析,户籍制度其实形成了城市对农村的"歧视",市民对农民的"歧视"。当然,这种"歧视"很大程度上表现为无形的"歧视"。现下的许多现象都可以证明这一点,比如说前不久媒体上报道的某些青岛居民提议在公交车上设立民工区。我们可以认为这种"歧视"有着一定的历史原因,实际上这和新中国成立后实行的"赶超战略"有关,为了重工业的优先发展,在没有比较优势的情况下只能牺牲农村和农民的利益。但没有想到的是,牺牲农村和农民的利益居然形成了一种惯性。我们不要抱怨我们的政府怎么样,政府只能够站在国家总体利益的角度考虑整个过程,不管这种考虑如何缜密都不可避免地会产生一些问题。就像樊纲所说,不能因为出了点事就说它不好,关键是出了事要把问题揭露出来。也就是说,发现了问题后要去解决问题,实际上我们的政府一直都在努力做到这一点,而不是像许多过激的民间学者所抱怨的那样。

城乡二元结构实际上是把城市和农村分割为两个"社会",一个"社会"由城市居民组成,一个"社会"由农民组成。因为农村的劳动供给量大于城市,而且农村的劳动与资本的比例明显高于城市的劳动与资本的比例,所以农民必定是劳动的净输出者。在存在歧视偏好(这种歧视偏好更多的是由制度和政策造成的)的情况下,歧视偏好减少了城市的资本同农村的劳动相结合所能获得的净收益,从而导致城市的资本输出量减少,反过来,这又会减少农村的劳动与城市的资本结合所能获得的收入,农村的劳动输出也会减少。就是说,资源配置上的这种变化既损害了农村的利益,也损害了城市的利益,因而对双方来说都不是一个明智之举。很显然,这种不利的结果对双方的影响是不一样的。实际情况是,对农村造成的经济损失要大于对城市造成的经济损失,因为农村劳动力存在严重的过剩,而城市的那些找不到"出口"的资本却远没有达到这种程度。这里存在一个"歧视"是否有效的问题。按照贝克尔的分析,只有当城市人口的收入总和与城市人口提供的劳动数量的乘积大于农村人口的收入总和与农村人口提供的劳动数量的乘积时,这种"歧视"才是有效的。我国 12 亿人口中有 8 亿在农村,综合考虑其他因素(比如小城镇人口的归属问题),我国城乡人口比应该为 0.3~0.5。考虑到农民收入被高估(如自产自用部分估价高)以及城市居民收入被低估(如各种福利待遇估计不全)等因素,据测算,我国城乡居民的收入差距为3.75～5倍。很显然,城乡之间已经形成了有效"歧视"。虽然这种有效的"歧视"在很大程度上属于制度性和政策性因素,但是无论如何都产生了一个不好的结果。

说到底,城乡二元结构并不是产生问题(比如内需不足乃至增长放缓)的关键原因,问题的关键原因是城乡居民之间的有效"歧视"。西方一些发达国家也存在城乡二元结构,但是并没有产生很大的问题,就是因为它们没有形成城乡之间的有效"歧视"。所以,我国需要解决的问题是消除这种人为的城乡之间的有效"歧视"。很显然,缩小城乡收入差距或者扩大城乡居民比例都可以做到这一点。这一方面需要我们继续深化户籍制度改革,另一方面需要我们想方设法使农民增收。继续深化户籍制度改革是为了给农村剩余劳动力的转移设计一个比较好的制度环境,使外出务工的农民不至于因为经济环境的变化而不断"回流"。想方设法使农民增收则必须依靠农村剩余劳动力的转移,而农村剩余劳动力的转移则必须按照比较优势的原理依靠发展中小企业来解决。

［原文载于《经济学消息报》2002年8月16日(NO.502)第三版］

中国内需不足的另一种解释

经过20多年的改革开放,中国经济取得了长足的发展,制度变迁在这个过程中起到了举足轻重的作用。"中国奇迹"的主要原因在于,中国在"摸着石头过河"中找到了自身的约束条件,能够从当时中国的实际情况出发。但是,这种从具体情况出发的思维也具有自身的代价,很容易把一条"途径"发挥到极限,而忽视甚至堵塞了另外的"途径",把"齐头并进"搞成了"单兵突进"。就是因为这个道理,中国的经济增长迟迟不能从粗放型转变为集约型,从而使得居民需求让位给了投资需求;就是因为这个道理,地方政府热衷于能够在短期内制造GDP的外商投资,从而使得内需让位给了外需。内需不足成为中国经济亟须解决的重要问题。

中国居民收入增长率长期低于GDP增长率,导致实际购买力增长缓慢,"王谢堂前燕,难进百姓家",广大的老百姓很难从经济增长中获得实惠。居民消费对经济增长的贡献呈现下降趋势的主要原因就是居民消费(尤其是农民消费)的增速长期低于GDP的增速。时下的观点大都认为,内需不足是因为收入不足或收入的不确定,所以许多建议都是围绕着如何给公务员加薪或者如何让农民增收进行。我认为,中国内需不足的主要原因是中国的生产者-消费者议价力量(bargaining power)不足,着眼于提高居民在博弈中的议价力量才能内生地看待整个问题。把居民看成生产者-消费者的新兴古典经济学思维要比把生产者和消费者分离开来分析问题的新古典经济学思维,更具有现实意义和理论意义,因为前者是过程导向的而后者则是结果导向的。所以,我的建议是慢慢提高中国的生产者-消费者议价力量,因为只有这样,才能从实质上逐渐改善中国的内需。

中国的地方政府在经济发展过程中起到了非常重要的作用,就像任何事物都具有两面性一样,这种作用既有好的方面也有坏的方面。一方面,地方政府可能为了经济竞赛努力降低当地的交易成本和行政成本；另一方面，地方政府也可能为了政治竞赛设法拔苗助长甚至搞起地方保护和市场分割。这完全是一个激励问题，关键在于，机制设计的过程中要注意发挥地方政府的好的作用，降低其坏的作用，在短期利益和长期利益之间找到一个有效的折中点。有着强烈的"政绩冲动"的地方政府往往"唯GDP马首是瞻"。在制造GDP的过程中，地方政府官员很容易发现通过政府投资和吸引外资能够更快更多地制造GDP。这种激励约束导致了内需被地方政府"边缘化"，某种意义上来说使内需从"内点解"逼近了"角点解"，这在很大程度上是由内需不容易被地方政府操纵的特点决定的。

地方政府为什么喜欢自己投资呢？在中国投融资体制改革滞后的情况下，地方政府可以进行一些符合自身偏好的投资，如果这种偏好不符合市场偏好，那么这些投资就会成为体制性无效投资。体制性无效投资往往包含着以牺牲群众利益为代价的"挤出效应"。地方政府的议价力量过大，并且通过干预商业银行和软化预算约束把自身偏好显示出来，而地方居民则没能把自身偏好通过市场显示出来。这样一来，地方政府的发散信息（Disparate Information）得到了有效的使用，而地方居民的发散信息则没有得到有效的使用。居民由于不能发出自己的有效信号而不能显示自己的市场偏好，不管是投资偏好还是消费偏好。这是造成中国内需不足的原因之一，其本质在于地方政府的偏好代替了居民的偏好。

地方政府为什么喜欢招商引资呢？正如一些学者所指出的那样，外商投资对中国经济发挥了"制度供给"的作用。这种作用实质上是降低了制造GDP的成本。在当地企业的组织能力和组织资本处于劣势的情况下，通过引进具有组织优势的外资可以收到"短平快"的效果，而有任期约束的"急功近利"的地方政府官员最看重的就是这一点。

外资的作用不仅仅是解决资金约束，资金约束的背后是技术约束、管理约束和市场约束。从这个意义上来说，地方政府之所以希望用外商来替代或补充"内商"（国内企业家），恰恰在于用外商组织交易的成本小于用"内商"组织交易的成本，更确切地说，在于外商制造GDP的成本小于"内商"制造GDP的成本。在这个组织交易的过程中，外商的发散信息得到了有效的利用，而"内商"的发散信息则没有得到充分的利用。这样一来,外商的偏好就可以通过市场反映出来,而"内商"的偏好则没有通过市场充分显示出来,外商的议价力量过大而"内商"的议价力量过小。

外商的优势毕竟集中在国外市场,虽然他们也会兼顾国内市场。"内商"的优势集中在国内市场,虽然他们做大后也会兼顾国外市场。国内企业家精神和企业家能力本来就不足,再加上地方政府"重外轻内",这就造成了中国的生产结构和消费结构不能有效"匹配"起来,换句话说,导致了有效供给不足。有效供给不足从而有效需求不足是造成中国内需不足的另一个原因,其本质在于外商的偏好代替了"内商"的偏好。

居民的偏好由于上面两个方面的重要原因而不能显示出来,只是中国内需不足的主观原因,而中国内需不足的客观原因则是广大居民收入不足。

居民消费离不开居民收入的支撑。这其中的道理和欧文·费雪的利息理论中提出的分析思路异曲同工,时间偏好只是利息率的主观原因,投资机会才是利息率的客观原因,时间偏好离不开投资机会的支撑。

中国居民收入不足的原因是什么呢?根本原因还是在于作为生产者的居民的议价力量不足,当然,议价力量不足的具体原因是多种多样的。只要我们企图利用中国劳动成本的比较优势来参与国际产业分工,我们就必然会遇到议价力量不足的问题,因为不熟练劳动者的可替代性太大了,所以参与位于国际产业分工低端的加工制造只能获得满足个体理性约束的极少部分的劳动附加值。在这种情况下,只有提高不熟练劳动者的素质、提升不熟练劳动者的人力资本,才有可能参与相对更高端的国际产业分工,才有可能分阶段有步骤地提升议价力量。

有针对性的教育和培训是提高中国居民议价力量的必要和重要手段。对那些具备一定素质的劳动者而言,要努力解放他们的企业家精神,鼓励他们创办符合比较优势、具有自生能力的企业,降低民营企业的进入门槛和地方政府的行政成本,从而提高中国企业家和潜在企业家的议价力量。

从这个意义上来讲,中国内需的提高是要分层次分类别的,因为对不同素质的劳动者而言,提高议价力量的手段是很不一样的。跟邓小平同志提出的"让一部分人先富起来"的道理一样,我认为应该"让有能力提高议价力量的人先行动起来"。总而言之，中国内需的提高需要的是提高居民的议价力量，让他们能够显示自己的消费偏好，让他们能够显示自己的投资偏好。

在保护好其他增长力量(投资需求和外需)的同时，中国经济到该保护内需增长的时候了！

(原文载于《中国经济时报》2004年11月16日第五版)

经济布局的成本问题

一、成本的一般问题

成本这个东西从来就是相对的,不是绝对的,有比较才有所谓的成本。但是比较有好几种,拿国内和国外进行比较是一种,拿国内不同地方进行比较是一种,拿事前和事后进行比较是一种,拿一种用途和另一种用途进行比较又是一种。比较的基准不一样,得到的答案往往也不一样,这就像物理学中参照物的选取不同最终得到同一个物体的速度可能不相同一样。很多经济学家来来回回争论某一个问题,每一方都认为自己掌握或占有了真理,但是很多时候只是选择的基准不一样而已。有的人拿硬币的正面做基准,有的人拿硬币的反面做基准,视角不同,图案当然不同,但真正把理论和现实结合得很好的经济学家,最后得到的答案往往会殊途同归异曲同工。

用价格理论分析问题的好处就在于只要找准了局限或约束就找到了"克敌制胜"的法宝,但是用价格理论分析问题的坏处同样在于只要找错了局限或约束就会使得答案"谬以千里"。统计数据经过"严刑拷打"(添加于己有利的变量或删减于己不利的变量)会支持当事人想要的结果,价格理论经过"严刑拷打"(只找于己有利的局限而不找于己不利的局限)也会支持当事人想要的说法。这虽然不能说明统计学或价格理论不是科学,但是足以说明统计学和价格理论为"江湖郎中"和"算命大师"留下了可资利用的空间,就像齐宣王为南郭处士留下了可资利用的空间一样。

成本问题有的时候会形成表面上的悖论,但这仅仅是表面上而已。隐性的交易成本很高,由此而导致的显性的交易成本也很高,但是显性的交易成本还是在某种程度上降低了隐性的交易成本,这说明隐性的交易成本有总量降低的趋势而显性的交易成本有总量增加的趋势(总量和边际是两码事),但这仅仅是从一阶选择的基准(降低哈耶克意义上的自发秩序的成本)来看而已。当交易成本已经显性化以后,人们也有降低显性交易成本的动机和激励,但这个时候是从二阶选择的基准(降低科斯意义上的组织的成本)来看的。降低隐性的交易成本与降低显性的交易成本是两个层面的问题,前一个属于制度变迁问题而后一个属于管理变革问题。有的人喜欢只从一阶上看待问题,有的人喜欢只从二阶上看待问题,所以就有了成本问题的不同折中,经济分析者学识和经验的局限往往成为左右成本的砝码,这和在自然科学中学者的作用有所不同。

二、经济布局的一般问题

有学者(刘良,2005年,《经济学消息报》NO.640)认为"春运"和"民工潮"证明了国内生产力和就业机会在空间上产生了错误配置。这种说法只能算是从事后看待事前,换句话说,这是拿事后的约束条件来套事前的目标函数。哈耶克认为秩序的"三分法"(自然秩序、人为秩序和自发秩序)要比秩序的"二分法"(自然秩序和人为秩序)来得科学,秉承这一分析思路,经济布局也要采用"三分法"(自然布局、人为布局和自发布局)。自然布局在运输成本很大的情况下是很普遍的现象,当初英国的工业发展就是采用这样的经济布局,局限条件是海洋运输和河流运输要比陆路运输来得便宜。无疑,运输成本的约束是经济发展的重要约束。人为布局只能在组织的层次内发挥重要的作用,这就是所谓的设置效应的作用范围,但是人为布局明显受到当事人的有限理性的约束,不管这种有限理性是由信息引起的还是由能力引起的。企业的流程再造以及公司的治理结构的改造当属于人为布局的范畴。自发布局是由市场的无形之手引导着进行的,所以很多人就会怀疑这种自发布局不符合效率标准,这实际上是计划经济的旧式思维在作怪,市场就是要流动,流动的成本已经包含在流动之中了。不产毛皮的地方成为皮革之都,不产木材的地方成为板材之都,这只能说明自发布局不是以人的意志为转移的,"水往低处流,人往高处走",生产要素的流动和配置从来就是顺势而为的。

自然布局可能节约了很大的运输成本,但是如果制度成本大到足以抵消运输成本的话,采用自然布局的方式并不是像人们想象的那样有利可图。人为布局超出了组织的范围就会成为传统意义上的计划经济,计划当局的有限理性和偏好差异会引起产业不符合比较优势、企业不具备自生能力,这正是我们要推进和深化经济体制改革的重要原因。自发布局是以市场为依托的,它的长处在于拥有制度成本(比如搜寻成本)低的比较优势,并以此优势弥补其他方面的不足。不管是自然布局、人为布局还是自发布局,它的行为主体都是具有经济理性的企业家或企业,试图让政府代替企业做出布局决策的想法只能算是老式的计划经济思维。政府的作用是降低行政成本,做好城市规划,在自身的组织层次内使有限理性和机会主义得到最大程度的节约和限制。

三、经济布局的成本问题

中国经济最重要的问题是形成全国范围内的统一的大市场,然后让要素在这个大平台上自由流动,打破地方保护,打破市场分割。我们不能因为看到"广货北上""浙商西进""上海辐射全国"就从流动成本的角度出发得到这样做存在效率损失的结论,我们也不能因为看到"北煤南运""西电东送""西气东输""西人东就"就从运输成本的角度出发得到这样做存在福利损失的结论,更不能由上面的现象得出中国的经济布局存在重大问题的结论。经济布局的成本问题本质上是如何在自然布局、人为布局、自发布局之间进行折中的问题,是如何在制度成本、运输成本、管理成本之间进行折中的问题,是如何在隐性的交易成本和显性的交易成本之间进行折中的问题,经济主体会根据心中的霍特林模型做出自己的判断和计算。不同成本的折中和转化不是说明中国的"产业大分工"存在高成本,而是说明中国的"产业大分工"正试图通过自身的力量来绕开更高的隐性成本,就像印度的软件业试图通过自身的力量来绕开更高的隐性成本的道理一样。

经济布局的问题最终可以归结为哈耶克的老师米塞斯所说的"资本的可移动性"的问题。推理的基础就是,只有克拉克意义上的"真实资本"具有可移动性,而个别资本品却没有可移动性。历史与过去具有重要的作用,路径依赖效应不可忽视。一个市场基础好的地方,凭借自身的不能移动的固定资本和组织资本来吸引可以移动的流动资本的做法要比通过人为布局在接近资源的地方来兴建新工厂的成本更低。政府如何规划城市的问题与企业如何选择城市的问题是两个不同的问题,把两个不同的行为主体混淆起来就难免得到中国的"产业大分工"成本太高的结论。我认为,与其这样说,倒不如说,政府的服务成本(不管是规划方面的还是行政方面的)太高,产业分工的显性成本只是对此的"对冲"而已。

[原文载于《经济学消息报》2005年5月20日(NO.645)第八版]

五、
监管和调控的经济学逻辑

监管下的金融制度变迁

中国金融监管部门的动作越来越大,中国金融领域的改革越来越向纵深发展。银监会为推进中国银行业改革,先后出台了许多有实际意义的政策;证监会为推动证券业改革,改变思路重塑理念;保监会为推动保险业改革,重新布阵积极调整。金融领域改革尤其是银行业改革的滞后,拖累了中国经济的发展,而要推动金融改革又必须依靠强制性制度变迁,在尊重市场的基础上发挥政府权力的作用,这是中国渐进式改革的必然要求。总而言之,监管下的金融制度变迁正在朝着"深水区"迈进。

金融监管的目的就是保证金融体系的稳定,保护存款人和投资者的利益。因为中国的金融体系本身就不是由市场逐步演化出来的,所以它必须在转型中自我完善,政府如何在其中发挥作用就成为问题的关键。转型中的国家更需要高水平的政府和高水平的金融监管,可是没有经验没有磨炼就不可能有我们想要的"高水平",这永远是一个两难问题。实际上,这是一种双层次(金融制度和监管制度)的转型和发展,并且,这二者还必须在很大程度上达到匹配。从理论上来讲,一个问题受的约束越多,得到最优解的可能性就越小。而转型过程往往就是许多约束条件堆积在一起,需要方方面面的权衡和折中。而金融改革中的约束条件往往最多,正所谓"牵一发而动全身"。

在这种情况下,金融监管层就需要找突破口,找出主要的约束条件。我们知道,金融监管产生的一个重要原因,就是为了消除金融交易双方的信息不对称,从而矫正金融交易中的道德风险。新制度经济学表明,合约有两种,一种是所谓的"显性合约",另一种就是所谓的"隐性合约",前者要靠政府实施,而后者要靠自我实施。这两个层次的问题应该区别对待,一个表现为金融企业的治理机制问题,另一个表现为金融监管层的治理机制问题,而合约的实施正是在这两个层次上相互依存的。

金融监管的作用离不开权力，但这并不是说权力就可以不顾现实世界的社会博弈。金融监管层在"小范围"内(主要包括小的方面)可以人为设计制度，但是在"大范围"内(主要包括大的方面)一定要防止人为设计制度，因为人是"有限理性"的，而制度则是"无限理性"的。任何设计在确定好总的目标后，控制事物朝这个方向发展的思路和做法未必正确，因为博弈是随机的，"计划不如变化快"。但是分清楚这一边界并不是那么容易的事情，只能靠监管层在博弈中不断学习经验，"吃一堑，长一智"，逐渐摸索出行之有效的符合客观经济规律的方法。这一点之所以必须着重提出，是因为监管层有可能在金融制度变迁的过程中因"急于求成"而"揠苗助长"，引进一些不能够与中国的实际情况相符合的国外制度，特别是在"接轨"的要求下更容易出现这样的问题。不同的发展阶段和时期，需要不同的监管制度和金融制度，这是交易成本经济学上的一个主要观点。

银监会、证监会和保监会通力合作、相互配合，为中国金融系统在转型中发展、在发展中转型创造一个坚实的"基础设施"。以金融开放为契机，提高新形势下的金融监管水平，以便能够对创新业务和边缘业务做出有效的反应和正确的引导。在WTO框架下，金融监管是金融自由化取得成功的关键和保障。总而言之，监管层的外部治理水平的提高，与金融企业的内部治理水平的提高是一个相互作用的过程，监管下的金融变迁必然遵循这一基本的经济学逻辑。

(原文载于《上海证券报·资本周刊》2003年12月28日第六版)

证券监管须防"权力悖论"

"王小石事件"被媒体炒得沸沸扬扬，各种各样的议论和报道引发了"连锁效应"，受牵连方忙着划清自己的界线，表明自己的立场。证监会官员王小石利用自己的权力出卖"内部消息"，坐收"信息租金"，致使正式规则失灵。有良心的中国人都希望以"王小石事件"为契机，彻底清除证监会的腐败分子，彻底完善证监会的制度建设。笔者认为，根本的问题出在权力的两难上，而权力两难的根本又在于组织的治理结构和机制设计上存在问题，说到底是一个如何监管监管者的问题。没有完善的治理结构，正式规则再好也只能像聋子的耳朵那样成为摆设，有着不可告人目的的非正式规则（"潜规则"）才是真正起作用的规则。非正式规则的私下盛行实际上为官员的权力寻租敞开了大门，管制失灵只会加重市场失灵，"掩耳盗铃"和"滥竽充数"的现象自然一而再再而三地上演。

监管的必要性是毋庸置疑的。金融交易中委托-代理双方的信息不对称很容易产生道德风险问题，而金融监管之所以产生的一个非常重要的原因就是为了消除双方的信息不对称，通过消除信息不对称达到矫正金融交易中道德风险的目的。为了达到这个目的，金融监管就必须发挥所谓的"权力"的作用，而这个作用正是建立在降低信息成本、提高信息效率的基础上的。信息成本和信息效率的高低决定了监管系统的控制能力与金融系统的竞争程度。按照诺贝尔经济学奖得主罗纳德·科斯的分析思路，就是让监管在自己具有比较优势的范围内替代市场，因为监管可以降低市场难以降低的交易成本。

但是，问题的关键是权力在其中的定位很容易出问题。对证券监管的权力维度就不得不予以详细分析，因为中国的金融领域（包括证券市场领域）必定要靠基于诱致性制度变迁的强制性制度变迁来推行深层次的改革，而这种改革的推行又必定离不开政府权力的作用。在系统陷入僵局（本质上属于囚徒困境和协调失灵）的情况下依靠科斯式讨价还价的市场博弈来走出恶性循环是不现实的，因为这个时候市场本身就不能发挥正常功能或者说市场本身就是失灵的，所以权力的介入是必然的。但是权力的过度使用和权力的适度使用本身就是一个难以界定边界的地方，"权力悖论"正是由此产生的。权力的纵向性会损害金融监管的独立性，权力的扩张性会损害金融监管的正当性，权力的延缓性会损害金融监管的灵活性。"权力悖论"的程度会由于人为的原因得到不应有的放大，这是我们不得不注意的地方。权力的"扶持之手"作用的发挥必须建立在最大程度上限制权力的"掠夺之手"的基础之上，否则其负面作用（"掠夺"）就会大于正面作用（"扶持"）。

中国证券市场特别是股票市场的困局表明，政府依靠行政权力来推动市场发展的策略上出了问题，关键是没有正确处理权力与市场的关系，结果导致股市成了权力的"寻租场"，并在这个基础上形成某种意义上的"租金耗散"，从而需要不断注入新的资金来维持"正常"运转。而这些租金大都被和权力沾边的人攫取，而弱势的中小投资者则成为牺牲品，长此以往，整个系统必定收敛在坏的博弈均衡上，因为有着理性预期的新资金的注入不可能永远持续下去。"圈钱"博弈最终会导致一个大家都不想看到的结果，与其说这个结果是市场失灵倒不如说是监管失灵。在存在监管失灵的情况下，监管层往往成了某种意义上的既得利益集团，一方面他们不喜欢旧的监管体制，因为旧的监管体制已经使得整个局势陷入了困境，影响了他们的"权力租"的实现；另一方面，他们也不喜欢新的监管体制，因为新的监管体制可能会完全消除他们的"权力租"。在这种情况下，改革就只能非常缓慢地进行。这是我们最不想看到的情形，因为按照曼库尔·奥尔森的看法，这实际上是小集团的"未涵盖利益"支配了政策制定，从而阻碍了社会福利的提高和扩展秩序的形成。

权力永远是一把双刃剑，有约束的权力可以保护产权，没有约束的权力可以导致腐败。一方面，监管层有责任维护金融市场的秩序，所以必须拥有一定的权力；另一方面，监管层的代理人也有机会主义的倾向，所以必须对他们的权力进行约束。金融监管的过程就是通过权力的介入使得市场能够克服自身的缺陷从而比较顺利地运行，但是，权力的作用不恰当的话就有可能引起监管失灵——这实际上与道格拉斯·

诺思意义上的"国家悖论"极为相似,关键在于如何在这两者之间找出一个有效的折中点,而这个折中点的寻找必须依靠有效的治理结构和机制设计。笔者认为,金融监管中应该有一个让被监管者和潜在的被监管者发出自己的发散信息的渠道,比如激励理论中常用的抗议机制;还有就是,就像国内企业经常找一些咨询公司进行组织更新和管理改造一样,监管层也要考虑到找一些智囊团和智囊机构来使自身的治理机制升级。这是一个组织的问题,而中国的许多问题正是表现在组织能力不足、组织资本不高上。

但是,我们还应该注意到的是,即使监管层不滥用职权,由于工作人员对他所从事的工作没有剩余索取权(不能把自己的努力产生的收益内部化),所以很有可能出现工作动力不足,从而滋长官僚主义,并产生各种低效率现象。这实际上是由"权力悖论"导致的动力扭曲,这也可能从另一个角度导致所谓的监管失灵。在监管层的治理结构不完善的情况下,监管层"有限理性"的程度就会相对增大,甚至在某种程度上被人为地放大,所以,让监管层来承担过多的任务是既不现实也不合理的——市场能够做的最好不要让监管层来做。这是人的问题,把人看成经济人比把人看成道德人更符合实际情况。

毫无疑问,组织的问题和人的问题是相互依赖的,但是组织的问题要远比人的问题重要得多。市场是动态的,监管也是动态的,二者相互"匹配"才能够发挥出理想的作用。换句话说,在市场失灵和监管失灵同时发生的时候,先拿监管失灵开刀,完善监管层的治理机制,并在监管层治理效率提高的基础上适当推行强制性制度变迁,这样才能使中国的金融改革和资本市场朝好的方向收敛。总而言之,监管层治理水平的提高和市场治理水平的提高是一个相互作用的过程,而监管层治理水平的提高又必须依赖于监管层治理结构的完善,现在我们所忽视的正是如何防止监管层的权力悖论,从而形成监管层的有效治理机制。

(原文载于《中国经济时报》2004年12月7日第五版)

"信用"经济学分析

随着中国市场经济的发展,越来越多的中国人认识到了信用的重要作用;而随着美国信用危机的爆发,美国人也越来越清楚信用丧失的危害。无论是发展中国家还是发达国家,只要发展市场经济,就离不开交易;而要交易,就离不开信用基础。2003年第五届北大光华新年论坛以"经济改革与社会信任"为中心议题,也正说明了大家对于信用问题的重视,事实上,信用问题一直以来都是经济类媒体报道的一个热点。中国经济学家吴敬琏等也曾经就信用问题在媒体上呼喊过。那么,经济学是怎么看待信用的呢?从经济学的角度分析信用又会对现实产生什么样的启发呢?

信用问题的产生源于信息不对称,通常状况下,信用是克服信息不对称的一个非正式的合约安排。从发生时间的角度来看,信息不对称可以分为事前的信息不对称和事后的信息不对称,前者容易存在逆向选择问题,而后者则容易存在道德风险问题。结合中国实际,我们可以发现,中小企业融资难题属于信用的逆向选择问题,而中国内需不足难题则在很大程度上属于信用的道德风险问题,其他一些问题可以依次类推。

信用缺失实际上是一种威廉姆森意义上的机会主义行为,也就是欺诈性地追求自利。实际上,机会主义行为本身也会导致真实的或人为的信息不对称。从这个角度来说,信息不对称和机会主义行为是相互加强的,换言之,信用缺失很容易陷入制度经济学上有名的"锁入效应",这一点不能不引起我们的注意,因为目前的中国在某种程度上确实存在着这种恶性循环。而这种恶性循环的本质则类似于阿尔钦意义上的由机会主义演化成的"套牢"问题。

信用的非正式安排的重要作用在于减少交易费用。交易费用的降低可以使原本不能够发生的交易变得有利可图,社会也就可以借此向前发展。而信用的缺失则会增加交易费用，使得原本可以发生的交易不能够维系下去，社会发展也就会因此失去应有的动力。

新制度经济学认为，在其他条件相同的情况下，一个存在交易费用的经济体系的"要素禀赋"实际上比一个无交易成本、在其他方面具有可比性的体系要少。这主要是因为一些生产要素从生产性用途转向了非生产性用途。

据悉，市场交易中因信用问题而造成的无效成本已经占到了中国GDP的10%～20%，直接和间接经济损失每年高达5 855亿元，相当于中国年财政收入的37%，国民生产总值每年因此至少减少2个百分点。这说明中国因信用问题而产生的过高的交易费用已经严重阻碍了中国经济的发展，到了非解决不可的程度。

信用问题的产生是由于非正式制度在机会主义面前不具有自我实施的性质，而这主要是因为代理方失信后没有受到惩罚的威胁。眼前的利益蒙蔽了长远的利益，暂时的发展阻碍了长期的发展，这也可以算作个人理性与集体理性的冲突，"聪明反被聪明误"，属于斯密的"看不见的手"的悖论。

制度经济学表明，如果一种机制为了达到某种社会目标被设计出来却无法自我实施，那么就需要附加一种额外的实施机制，这样才能改变博弈形式，从而改变后果函数。之所以要附加这种额外的实施机制，无非是为了让失信者的外部性内部化，用通俗的话说就是，"一人做事一人当"。中国需要探索并建立与中国市场经济发展相适应的信用体系和信用制度，政府作为强制性制度变迁的主体在这方面做出一些努力可以说是正当其时。

［原文载于《国际金融报》2003年1月10日第四版(专栏)］

金融市场与诚信问题

诚信问题一直都是社会经济生活中的一个重要问题,对金融市场而言尤其如此。中国媒体最近报道的一些金融市场欺诈案使得我们不得不进一步往深处思考这个棘手的问题。

诚信缺失实际上是一种交易成本经济学大师威廉姆森意义上的机会主义行为,也就是欺诈性地追求自利。违规者为什么敢于冒险做这种事情呢?还是一个预期净效用的问题,关键是这个预期净效用对违规者来说为正。

按照新制度经济学的分析,如果一种机制为了达到某种社会目标被设计出来却无法自我实施,那么就需要附加一种额外的实施机制,这样才能改变博弈形式,从而改变后果函数。后果函数改变后,合同也就从不能自我实施自动变成了自我实施的了。

这样问题最终就变成了由谁来设计这个可以自我实施的额外机制。这个任务只能交给政府,因为政府是强制性制度的供给者。按照中国社会科学院易宪容研究员的分析,要确立中国金融市场的诚信法则,并非仅仅是提倡个人或行业道德自律,关键是要建立一个奥尔森意义上的"市场扩展性的政府",并由这样的政府为金融市场提供有效的制度安排。

按照易宪容研究员的分析思路,建立实质上以哈耶克的"扩展秩序"为要义的政府就成为解决诚信问题一个重要力量。可是这种从建构主义角度出发的思想却完全忽略了这样一个事实,即"市场扩展性的政府"乃是基于政府和经济主体之间的演进博弈而"渐入佳境"的,事实上,正是所谓的"此在知识"的获得过程决定了政府的制度安排是不是有效的。这其中最基本的原理就在于,"市场扩展性的政府"的建立不是一个目标的确定,而是一个如何实现目标的过程。笔者认为,靠建立"市场扩展性的政府"来解决诚信问题的想法，从某种程度上来说，是用结果来解释原因，在逻辑上是讲不通的。

但是，无论如何，实施机制还得靠政府来设计，这的确是一个不争的事实。笔者认为，在当前基于中国国情的法律不完备的情况下，政府就是要设定严格的可实施的惩罚机制以严厉惩罚违规者，与此同时还要设法提高对违规者的发现概率。无疑，这样会加大政府的成本，但是博弈论的分析表明，一个短暂而严厉的执法过程的效率，可能大大高于一个投入同样力量进行的长期而温和的执法过程。事实上，这样才可以使得违规行为向诚信行为收敛，而不是相反。这和博弈论上著名的"边缘政策"异曲同工，其本质在于故意创造风险，让这个风险大到让违规者难以承受的地步，从而迫使他们诚信行事，以便化解这个所谓的风险。

笔者认为，通过上面的措施，经济主体的"欺诈行为"可以向"诚信行为"演进，只有在达到经济学上经常说的"拐折点"以后，经济主体的道德自律才可以真正发挥应有的作用；在这个过程中，政府在和经济主体的博弈时也逐渐向"市场扩展性的政府"演进。无论如何，解决诚信问题是一个渐进的收敛过程，任何"药到病除"式的一步到位的想法都是不切实际的。

［原文载于《国际金融报》2003年4月30日第四版（专栏）］

转轨经济之金融监管

中国渐进式改革的特点决定了中国经济转轨成功在很大程度上必然依靠金融监管水平的提高。而金融监管水平的提高又必须靠有效制度安排固定下来,这样才能为中国经济成功转轨提供一个重要的保证条件。近期的许多经济事件可以算作对此的一个明证。

中国的计划经济的逻辑就是用"农业剩余"补贴国有工业的发展,从而造成国有企业在资源禀赋方面不符合比较优势,没有自生能力,一言以蔽之,中国经济因此陷入了"过度工业化"的陷阱。事实证明,这样的发展根本不具备可持续的能力,所以必须进行改革。

而渐进式改革的结果是,国有企业的许多问题开始向金融领域集中,这实际上和人们经常说的"按下葫芦起了瓢"有些共通之处。其中最显著的问题就是国有企业由于变相的"预算软约束"而导致的银行坏账问题和国企上市"圈钱"问题。

从中国金融领域的现状来看,由于证券业、保险业和银行业关系还不是很大,流通渠道还不是很通畅,所以一个"子领域"出现的问题不足以影响整个领域并引发危机。但是,这本身只是市场不完善派生的结果。随着市场的逐步完善,金融风险就有可能有一个相通的流通渠道,这就不能不引起监管当局的注意和小心。

"过度工业化"的弊病引发了企业对银行的过度依赖,实际上,这是国家利用"金融剩余"来做自己想做的事。有学者对"金融剩余"作了这样的描述,在经济转轨的特殊背景下,非国有部门(包括居民以及民营企业等)在国有银行的存款大于国有银行向其提供的贷款的差额。

从企业融资的角度来看,国有商业银行融资占绝对主导地位。这也是由渐进式改革内生出来的,一则与"拨改贷"有关,二则与没有有效的替代机制有关,而这都是由计划经济造成的。这样一来，银行就成为促进经济发展的工具，而不是作为金融中介把稀缺的资源配置到最有效的部门去。

很明显，这样问题就由"过度工业化"变成了"过度银行化"，风险由企业领域转向银行领域以及相关的金融领域。而"过度银行化"又内生出了自己的许多弊病，表现在银行、证券和保险方面。笔者认为，看清楚这一点是非常重要的，因为所有这一切都是渐进式改革内生出来的，而不是外生的。实际上，把握住这一逻辑才能为中国经济转轨创造新的契机。

通过上面的分析，我们可以看到，问题的关键无非在于两个地方（实际上这在学界早已达成共识），一个是所谓的企业重建，另一个就是所谓的监管重建，前者主要为了对付所谓的"过度工业化"现象，而后者则主要为了对付所谓的"过度银行化"现象。

需要指出的是，企业的重建和监管的重建是相互作用的，如果企业不能建立现代企业制度像过去一样行事，再好的监管也不能促进经济发展；相反，如果金融监管的水平不能提高原地踏步走，企业也不会有一个真正有利于长远发展的制度环境。当然，其中更深层次的相互作用主要体现在中国经济顺利转轨上。

随着渐进式改革的逐步深入，提高金融监管水平就成为一个不可回避的问题，因为这样才能增强中国金融市场抵御风险的能力。从金融监管的角度看，分业监管体制（证监会、保监会、银监会）的作用并不仅仅局限于自身的责任，因为从某种程度上说它们决定了中国经济转轨的顺利与否。另外，从企业的角度来看，国资委也不仅仅局限于自身的责任，它也决定了中国经济转轨的进程。

总而言之，银监会、证监会、保监会与国资委需要一道为监管重建和企业重建各尽其能而又协同作战，努力为中国经济转轨打造一艘坚不可摧的"航空母舰"。在整个过程中，一定要符合制度变迁的客观原理，既要防止"好心办坏事"，也要防止"形成既得利益"。

［原文载于《国际金融报》2003年7月9日第三版（专栏）］

金融改革与风险定价

金融市场是指交易各种金融资产(或称金融工具)的市场。金融市场的涵盖面很广,我们在这里讨论的主要是信贷市场和股票市场,因为它们分别发挥着间接金融和直接金融的主要功能。笔者认为,中国目前存在的许多金融难题并不是相互独立的,而是相互依存的,也就是说,它们之间"牵一发而动全身"。中小企业融资难题、储蓄难题以及股市难题都是有联系的,我们不能片面地看待问题,任何"头疼医头,脚疼医脚"的做法都无助于问题的解决。

中国金融市场最大的问题就是不能对风险进行正确定价的问题,如果说任何国家的金融市场都存在这个问题的话,那么无疑中国金融市场的这方面错误程度更加深层和严重。新制度经济学认为,企业和市场的相互替代正是基于双方的利用价格发现机制的比较优势进行的。如果金融企业和金融市场的价格发现机制双双不完善的话,那么这种替代就不会是有效率的,结果只能收敛在很坏的均衡上。这其中的道理很浅显,生活中就存在这种情况,一个方面出了问题也会导致另一个方面出问题,所谓"城门失火,殃及池鱼"。

国有商业银行存在坏账过大问题和高额储蓄分流问题,股票市场存在"包装"上市问题和诚信缺失问题,中小企业存在融资难的问题,其实,所有这些问题只说明了一个问题,那就是风险定价出了问题。当然,具体到每个具体的情况又要进行具体的分析,但是,笔者认为,其中的道理无非出在两类错误上。经济学是最讲究分类的,只有分好了类才能找到问题的症结,"眉毛胡子一把抓"是不管用的。

借用统计推断术语,一类是去真的错误,也就是由于"预算约束过度硬化"而导致的第一类统计误差,另一类是存伪的错误,也就是由于"预算约束过度软化"而导致的第二类统计误差。审计学上把这两类错误分别称为误拒风险和误受风险。从成本-

收益的角度讲,这两类错误都是不可避免的,但是问题的关键在于,中国金融市场的监管者和运营者根本没有把握好这个"度",犯错的程度已经超过了一定的限度,到了必须进行纠正的时候。不完善的市场又不能自动纠正这样的错误,所以政府的作用就显得尤为重要。

动态经济学是建立在包含量变和质变的互动作用机理的基础之上的,在量变的程度还没有达到质变以前,我们必须采取有力的措施以改变事态收敛的方向,否则只能"积重难返"。事实上,这和中国进行渐进式改革的大思路是一致的,我们就是要在不断化解风险的过程中使事物朝着我们想要的方向发展,不断地解决不断出现的问题,把风险控制在经济增长和经济发展可以接受的水平以内。但是具体到金融市场而言,笔者认为,这个风险已经超出了一定的限度,必须予以化解,而化解金融市场的风险最好的办法就是给风险以正确的定价。

就是因为风险没有被正确地定价,银行的大量坏账才得以滋生,银行的大量存款才由于"惜贷"而导致体内循环;就是因为风险没有被正确地定价,股市才没有发挥应有的功能,一些没有潜力的公司由于符合所谓的"标准"而上市"圈钱",而一些有潜力的公司则由于不符合所谓的"标准"而不能突破"资本瓶颈";就是因为风险没有被正确地定价,大批中小企业才由于缺乏所谓的"硬信息"而处于资本需求的"饥饿状态"。金融的问题往往是一环扣一环,这也是金融改革较其他改革滞后的一个重要原因。

金融改革的落后连累了其他方面的改革,又是另一个层面的环环相扣。笔者认为,从风险角度入手,更确切地说从风险正确定价的角度入手,乃是金融改革的突破口,而相关的政策(特别是监管政策)又必须围绕着"硬信息"和"软信息"的有效替代展开。不可否认,风险的正确定价是一个渐进的过程。

[原文载于《国际金融报》2003年6月5日第三版(专栏)]

制度变迁应对银行风险

近期媒体纷纷加大对银行业讨论的深度,一则与落马富豪的金融欺诈有关,二则与银行的本身问题有关。

银行问题是中国金融改革乃至中国经济改革中最重要的问题,这已在学界达成共识。从银行坏账的角度讨论,到企业为银行打工的讨论,再到违规贷款的讨论,无不说明了这样一个问题,那就是,中国银行业的深层次改革已经势在必行。笔者认为,只有把银行风险的积累与化解统一起来考虑,问题才能得到很好的解决,正所谓"对症下药"。

银行业的改革滞后已经带来了一些其他问题的积累,而这些问题的积累又派生出了新的风险,这些都会加大整个中国经济的系统风险。一个解决银行问题的良性循环的出路就是,通过有效的制度安排使银行风险积累的速度小于银行风险化解的速度,这是渐进式改革的精髓所在。

银监会的成立是为了更好地解决中国银行业存在的问题,是为了给银行改革寻找突破口,实际上就是为了发挥其"主动式执法"的比较优势,而这正是监管的精神实质。但是问题的复杂性绝对不是借助于一双"火眼金睛"就能看得清的,这就决定了银行业的改革必定是一个渐进的社会博弈的过程。

基于国有商业银行政企不分的弊端,一些不该发放的贷款由于某些官员自身的"偏好"就发放了。但是不管这种"偏好"是出于什么样的考虑,由于它根本就不是从风险正确定价的角度出发,结果很容易造成所谓的"误受风险"。一旦官员不必为自己的行为负责任(官员"责任软约束"),就会由此导致银行的"风险软约束",而银行"风险软约束"的代价就是银行坏账的增加。

不恰当地说,这种情形和某些官员"监守自盗"没有多大的区别。从这一点来说,银行业建立现代企业制度就显得格外重要，有效的制度安排才能够有效地约束官员的败德行为，这样来化解银行风险才真正是"釜底抽薪"的。

基于国有商业银行的垄断格局，国有商业银行能够获得不能够为竞争性行业所获得的垄断利润。这种垄断利润根本就不能反映市场经济的作用机制，换句话说，这根本就不是从风险正确定价的角度出发的。而没有从风险正确定价角度出发的银行却把自己的风险转嫁到了企业的头上，从而加大了企业的资本成本，造成许多企业不能顺利发展甚至只能惨淡经营，结果自然形成了银企关系的两难境地，有学者把这称为国有商业银行害人终害己的"恶性循环"。

根据新制度经济学的分析，银行之所以对企业"敲竹杠"，是因为银行业由于垄断而存在本质意义上的联盟，而资金又是企业发展所必需的，结果是企业不得不受到利率的盘剥。从这一点来看，逐渐地放松银行业的垄断就显得尤为重要。不管民营银行反对派的声音多么强烈，准许民营银行的进入都是一个不得不面对的重要而紧迫的进程。

国有商业银行风险的积累是一个长期的过程，有许多历史上的原因，用经济学的术语说，这具有"路径依赖"的性质。同时，国有商业银行风险的化解也是一个渐进的过程。但是，无论如何，在整个过程中，一定要注意风险化解的配套改革措施的同步推进。用青木昌彦教授的话说，我们要注意"历时的制度互补性"，一个新的活性选择，有可能不能独立存在，但是如果存在一种互补的制度，或者在另一个领域也发生了同方向的变化，那么在这两个领域之间的相互强化就会为新制度的建立创造出一种契机来。

银监会的作用不仅仅局限于静态意义上的保护存款者的利益并确保银行业的稳定经营，从动态意义上来看，银监会更应该努力推进银行业的"强制性制度变迁"，形成一种可以有效化解银行风险并且可以自我实施的制度安排，这才是真正意义上的"点石成金之手"。

[原文载于《国际金融报》2003年6月16日第三版（IFN时评）]

金融政策须重博弈思维

金融领域的改革是财经类媒体上讨论最多的话题之一,一则与问题本身的严重性和紧迫性有关,二则与财经类媒体对金融题材的偏好有关,如果说前者是"供给创造需求"的话,那么后者无疑是"需求创造供给"。当然,我们可以说两者之间存在着互动博弈的关系。

金融改革的推行离不开金融政策的作用,而金融政策到底能不能发挥理想的作用最终还得靠社会博弈,综观政府的金融改革策略,许多政策却不是从互动博弈的角度出发的,还是按照计划经济时代的行政命令的方式行事。有些政策根本就没有考虑事后的反应,只是从事前的角度出发。

根据交易成本经济学的基本假设,人都是"有限理性"的,并且人都有"机会主义"的倾向。我们分析问题的时候也要注意到以上两点,政府制定政策的时候也要注意到以上两点。

"有限理性"决定了所有的政策都不可能是"万能方案",用经济学的术语说就是,只能是一个不完全合同,总和不确定性决定了必须允许人们试错。但是政策绝不能忽视前瞻性和远见性,这样才可以减少不必要的交易成本和试错成本,用经济学的术语说就是节约"有限理性"。"有限理性"决定了政策必须从整体上与基本形势的发展相匹配,而不是从细节上与具体形势相匹配。但是政策的变更不能随心所欲,不然难以形成稳定的预期,从而损害经济系统的效率。

"机会主义"决定了政策的实施是一个互动博弈的过程,这就是人们经常说的"上有政策,下有对策"。为了防止"正经"被"念歪",政策在刚开始制定的时候就必须考虑到经济主体的"机会主义"行为,同样地,为了防止"歪经"被"念正",政策必须根据社会博弈的结果(大方向)进行适当的修正,政府的不经意的"机会主义"也必须得到相应的纠正。

先拿银行说个事。据有关的不良贷款监测报告显示,国有商业银行"不良贷款率下降"的背后暗藏玄机,一些国有商业银行通过所谓的"技术手段"压低不良贷款比率,比如多收少贷和人为放宽对国有企业老贷款的转化条件,等等,这样一来,不良贷款的下降就有很大的水分。政府出台的政策不能不说是"用心良苦",可是实际出来的结果却有可能"事与愿违"。何也?没有注意博弈思维也。注重社会博弈的思路才能使政策具有可行性,用经济学的术语说就是,这样才能保证合同在很大程度上是自我实施的。

再拿券商说个事。券商的监管政策一直受到这样那样的非议,因为有时"雷声大、雨点小",有时则"暴风骤雨"。按照博弈论的分析,说到底,以上无非是在两个方面出了问题,一个是"可信承诺",另一个是"可信威胁",前者是为了促成大家的合作,而后者则是为了对付个体的违规。

规范不能牺牲发展,政策不能阻碍创新,政策太严格,特别是过于超前于金融发展是不利的,然而,政策不严格特别是不能对违反市场化的操作做出有效反应也是不行的。

有些学者认为,股票发行价格的市场化改革以及正在酝酿的保荐人制度就在把握时机上存在问题(过于冒进)。根据青木昌彦教授的分析思路,时机不成熟的政策匆忙出台和实施,很有可能导致整个结果在许多博弈路径中不幸陷入坏的博弈均衡,进而加大改革成本。

交易成本经济学认为,特定形势的特定属性必须有特定的治理结构与之相适应,要不然就不具备效率特征。金融政策必须立足于近期的经济发展形势,着眼于长期的经济发展趋势,一言以蔽之,要重视博弈思维。

[原文载于《国际金融报》2003年8月21日第三版(专栏)]

经济适用房：行政与市场的冲突

随着"房地产新政"的逐步深入，经济适用房问题再度引起了媒体的高度关注。据 6 月 14 日的《新京报》报道，北京天通苑经济适用房放号，千余人苦等两昼夜。排队的经济学告诉我们，不按市场分配必然产生非生产的耗散性浪费，这就是排队的代价。但是，当房地产市场的泡沫被吹得太大，市场的正常功能被人为破坏掉以后，按市场分配产生的扭曲足以吓退有购买意愿的百姓。一边是热火朝天，一边是持币观望，一边是既定价格下的有效供给不足，一边是既定价格下的有效需求不足，这就是当前的实际情况。

经济适用房的发售经常成为政府"好心难做好事"的例证，政府的理想与现实发生了某种程度的冲突，对此的不满之声不绝于耳，甚至有政协委员傅继德在两会期间提交了《关于停止开发建设经济适用房》的提案。大量的经济适用房被有钱人买走，而这些房子经过几年后又重新流向了市场，政府的好心被骗子的坏心凭空套利。这是由两个层面的原因造成的：一个原因就是政府有权力决定建造经济房，但却没有权力规定具体由谁来购买，另一个原因就是政府对有权利购买经济适用房的中低收入人群的甄别成本太高。行政运作手段与市场运作方式发生了冲突。没有良心的高收入者浑水摸鱼的现象时有发生，据 6 月 4 日的《新闻晨报》报道，北京市开始向骗购经济适用房的"有钱人"开刀，46 户家庭被取消经济适用房购买资格，已购房屋被收回；又据 6 月 22 日的《新京报》报道，新华社记者近日暗访回龙观经济适用房后，发现大量闲置"豪宅"（比如，有适用房面积达 230 平方米并装有 6 台电视 7 个空调）以及"高租售率"（比如，110 平方米至 230 平方米的大房子就有 66 套待售）的情况。

需求理论告诉我们，价格低的时候需求量会大一些，价格高的时候需求量会小一些，即使对经济适用房的"合格购买者"来说也是这样，不要说再加上那些"骗购者"

了。政府对经济适用房的有限供应永远赶不上"合格购买者"的需求,前者对后者而言只是"杯水车薪",这是一个根本性矛盾。政府要解决的问题(社会保障)是市场不能解决的问题,市场能解决的问题不需要政府来解决,但是,问题出就出在本来那些可以靠市场来解决住房问题的人却偏偏靠政府来解决问题,选择永远是局限下的选择,局限决定了相对成本的比较。

有人建议政府不应只重视事前的"生产"层面,更应重视事后的"分配"层面,在分配层面实行更多的"规制"。当然,政府通过加大对购买资格的审查力度等相关措施可以减少骗购行为,这是大家想要看到的结果,政府也的确应该这样做。但是不管政府怎样加大甄别成本,总会有"合格购买者"购买不到经济适用房,因为这是一个总量性矛盾。只要有"合格购买者"想买而买不到经济适用房就会有抱怨之声,再加上利益相关者开发商从中煽风点火,抱怨之声只有被放大而没有被缩小的道理。

还有人建议,政府应该取缔经济适用房,建设廉租房。笔者认为,这个建议并不可取,经济适用房的问题出在"卖给了骗购者,便宜了富人",但廉租房的问题则出在了长期的租金管制上。管制体制要比售卖体制更容易出现更大的问题,政府与其花力气改进管制体制还不如花力气改进现行售卖体制。我们还要考虑到建设廉租房之后的逆向效应,房租的管制表面上可以降低房屋的租金,实际上租户将不得不为自己租用的房子付出隐性的成本,这些隐性的成本是很容易被理想主义者忽视的,这在新制度经济学中已经有了明确的答案。

经济适用房成为政府稳定过高房价的"逼降"措施是可以理解的,但这是以市场当前的泡沫形势为约束的,长期来看,市场的还是要还给市场(当然在这个过程中政府要完善市场的游戏规则),市场不能完成的才交给政府,千万不能颠倒了次序。

(原文载于《每日经济新闻》2005 年 7 月 14 日 A2 版)

经济过热的治理含义

中国的"经济过热"在财经媒体的推波助澜下引起了中国学者的"讨论过热",这应该算作一种好现象,因为争论可以引起政府有关经济部门的高度警惕,从而减少经济政策的试错成本,有助于建立科学的宏观经济调控观。不同学者的经济观点的不一致导致其政策建议和前景预测的不一致,这是可以理解的,因为不同的出发点和不同的视角可能会造成不同的结果。这使笔者想起了著名的经济政策的"墨菲法则":"经济学家在他们知道的最多、意见最一致的方面对政策的影响力最小;而在他们知道的最少、争议最大的地方对政策的影响力则最大。"

中国经济过热的本质原因是多方面的,所以治理过热的策略也应该是多方面的,不应该"一刀切",也不应该"眉毛胡子一把抓"。属性不同的过热产生机制应该通过不同的治理机制来对付,关键是要让过热产生机制和过热治理机制"匹配"起来,这样才能减少不必要的治理成本,才能防止下一次经济过热的重演,才能在治标的同时达到治本。经济过热无非说明,要么是市场失灵,要么是政府失灵,要么二者兼而有之,用一句更简练的话说就是,制度安排失灵了。不同"分立结构"(比如企业、市场、政府)的制度安排是不一样的,这些不同的制度安排在各自的范围内发挥着作用,这些作用相互协调相互补充,在"看不见的手"和"看得见的手"之间形成有效的权衡和折中,从而减少交易成本和试错成本,经济因此而不会在发展中大起大落。

所有的经济行为都是人类行为,经济发展的过程就是人们相互博弈的过程,从这个角度来看待中国的经济过热就可以在很大程度上简化我们分析问题的思路。诺贝尔经济学奖得主罗纳德·科斯说:"经济学人的一个优势就是,他们把经济系统当成一个统一的、相互依赖的系统来研究,因此,与那些不习惯从整体上看待经济系统运行的人相比,他们更有可能揭示社会系统内部的基本相互关系。"居民、企业、银行、中央政府、地方政府是整个经济系统中的相互依存的行为主体和博弈力量,每个行为主体都有自己的目标函数和约束条件,每个行为主体都想在既定的约束条件下使自己的目标函数最大化。因为不同行为主体的机会敏感性不同,所以不同的行为主体会对同样的机会做出不同的反应,个体理性有可能造成集体非理性,经济过热实质上属于行为主体的个体理性造成的"囚徒困境"。

我们知道,从1997年年底开始,中国就长期处于生产能力全面过剩的通货紧缩状态,民间投资和居民消费疲软,所以政府采用积极的财政政策以促进经济增长,这实际上是通过政府改变总约束条件以期提高总目标函数值。2003年开始的投资猛增之所以能够出现是由于约束条件发生了变化,主要表现为地方政府的约束条件、企业的约束条件以及银行的约束条件发生了很大的变化,地方政府面临因换届效应导致的政绩冲动,企业面临房地产以及汽车的需求冲击,银行面临意欲提前上市的指标竞赛,三大行为主体正好可以通过"合作"来实现各自目标函数的最大化,经济过热正是由于约束条件的改变而导致的三大行为主体博弈行为的"碰头",而这一"碰头"并不是基于居民的约束条件发生了有利的变化。我们知道,投资过热一旦遭遇资源"瓶颈",投资的连锁效应就会终止,而物价水平的连锁推动就会取而代之;我们又知道,供给终究必须以需求为依托,否则供给就会成为无效供给从而加重通货紧缩。所以,对这次经济过热的担心除了通货膨胀外还有通货紧缩,"冰火两重天"的现象却可能由同样的原因引起,关键是如何确定其中的"度",这就是中国经济的复杂之处,也是治理"处方"的难开之处。居民的约束条件是中国经济发展最为重要的约束条件,改变居民约束,提高居民需求才是解决整个问题的关键,中央为此采取了许多有力措施,一号文件就是其中的典型代表。居民需求的增加相当于加宽了河流的通道,水流量增大就也就不会引起麻烦,这和哪里堵塞了就试图疏导哪里的思路是大不一样的。

通过上面的分析,我们可以非常清楚地看到如何从源头上治理"经济过热"。要治理经济过热,就得改变行为主体的约束条件,就得弥补市场失灵和政府失灵,说到底,就得深化市场体制改革、银行体制改革、政府体制改革。我们知道,企业有企业的边界,市场有市场的边界,政府有政府的边界,这些功能上互补边际上替代的分立结构相互作用相互促进就可以提高整个经济系统的效率。一个分立结构的效率过低,即使经过其他分立结构的某种程度上的边际替代，整个系统照样会收敛在低效率上。经济过热的一个重要原因就是信息不对称，信息不对称会引起道德风险和错误判断，道德风险会加大交易成本，错误判断会加大试错成本，这两种成本的加大都会降低经济系统的效率并增加经济系统的波动。但是，不管是用行政手段使信息更加对称还是用市场手段使信息更加对称，都不能忽视每种手段的使用范围，既不能在该使用行政手段的地方使用市场手段，也不能在该使用市场手段的地方使用市场手段，因为错误的手段使用不但会加大经济过热的治理成本而且会阻碍深层次改革的推进，所以建立科学的宏观经济调控观显得尤其重要。我们要时刻注意中国是一个"转型加发展"的社会主义市场经济国家，短期问题和长期问题的治理一定要分清层次，不能为了减少短期成本忽视了长期收益，也不能为了增加短期收益而忽视了长期成本。

中央政府要加强制度基础设施建设，地方政府要树立正确的发展观和政绩观，努力贯彻中央政府的积极政策，努力降低本地区的行政成本，为本地区的企业提供一个良好的成长环境，而不是对本地区企业"拔苗助长"；企业要练好"内功"，通过合法的市场手段来争取自身的发展，而不是想方设法通过地方政府的行政手段为自己谋取便利；银行要加强风险管理，要顺应市场压力理清责任关系。总而言之，所有这一切都需要体制改革的不断深入，改革要在边际上进行，要从改变相关的约束条件入手，因为这样才能保证制度安排的自我实施从而降低治理成本。

（原文载于《中国产经新闻》2004年6月29日A3版）

中国的宏观调控找不到最优解

中国经济的宏观调控之所以是一个难题是由多方面的原因决定的,如果把每个方面的原因都看成一个约束条件的话,那么我们就可以清楚地看到:过多的约束条件决定了中国的宏观调控很难找到一个最优解,因为从理论上讲,一个问题的约束条件越多得到最优解的可能性就越小。中国"转型加发展"的国情决定了这些约束条件的复杂和微妙,从某种意义上说,宏观调控的手段是由现存的制度安排决定的。

一些经济学家鼓吹宏观调控应该采取市场手段,还有一些经济学家鼓吹宏观调控应该采取行政手段,当然,折中者也有不少。但是,我要说经济学家的责任不是把某一种宏观调控手段单独罗列出来,然后论证采用这种手段会有什么什么好处,不采用这种手段会有什么什么坏处;经济学家的责任是对各种可能的宏观调控手段进行综合的比较分析,把每种手段的利弊讲清楚,然后由政府当局的相关决策者决定到底采用哪种手段。经济学家在角色定位上不能替代政府官员。经济学家只是根据自己掌握的经济学知识进行合理的解释和预测,然后把自己的解释和预测告诉大家,而不是极力鼓吹某一种手段极其有效,似乎这种手段就是"灵丹妙药",政府官员不采用这种手段就是"跳不出计划经济的思维框架"。

中国的宏观调控不管是采用行政手段还是采用市场手段都很难收到百分之百的效果,这是因为每种手段的作用空间太小,甚至于手段之间的作用相互抵消。这就好比划龙舟,只有大家劲同时向一个方向使,合力才会最大,如果各个方向都使劲的话,船就有可能原地打转。以此次自8月19日起的央行加息为例,一年期存款基准利率由现行的2.25%上调至2.52%;一年期贷款基准利率由现行的5.85%上调至6.1%;其他各档次存贷款基准利率也做了相应调整,长期利率上调幅度大于短期利率上调幅度。虽然提高贷款利率可以抑制投资需求,但是,我们也应该看到提高储蓄利率会减少消费需求，从而会使绝大多数行业的产能过剩问题更加严重，这跟启动内需的目标相悖。加息手段的综合作用并不是非常明朗，虽然这个手段是在前期的其他调控措施都未"下准药"的情况下施出的。

摩根士丹利全球首席经济师史蒂芬·罗奇指出当下中国宏观调控的特征是：中国不大可能依赖正统的稳定政策来遏制投资过热，在试图对一个失控的经济恢复控制的过程中，中国的中央计划当局要比中央银行重要得多。这个特征决定了中国宏观调控更多仰仗于行政手段，而更少倚重于市场手段。中国在很大程度上是靠财政分权下的地方政府间的竞争来推动经济的发展，地方政府间的竞争主要是政治激励和经济激励决定的。政治激励主要表现为地方官员的晋升激励，为了晋升，就必须有一个好的政绩。经济激励主要表现为地方政府的财政激励，为了分成，就必须发展好当地的经济。政治激励和经济激励为地方政府充分发挥自身的积极性和主动性提供了充足的动力。因为不管是政治激励还是经济激励最终都体现在 GDP 上，所以最终表现为地方政府"唯 GDP 马首是瞻"。地方政府的投资热是内生于财政分权发展体制的，这一体制本身的弊端不可能通过宏观调控就能从根本上解决的，但是在没有找到针对这一体制的有效的制度安排以前，行政手段的宏观调控对解决这一体制的弊端是不可或缺的。

中国的宏观调控根本不能跟成熟的市场经济国家的宏观调控进行类比，这是由我们的国情决定的。不同的交易属性需要不同的治理结构，同样的道理，不同的组织方式需要不同的调控方式，这或许就是中国的宏观调控手段在行政和市场间徘徊的重要原因。

（原文载于《每日经济新闻》2006 年 8 月 22 日 A2 版）